自己嫌悪

私たちはなぜ自分を憎むのか？
－　自己嫌悪を超えて、心の平和を取り戻す方法

MuRu

本書に込められた5つの人生領域の知恵

本書には「自己嫌悪」のテーマをはじめ、様々なトラウマの癒し方、日常生活で心の傷を受けないための方法、人間関係についての洞察、心理的成熟に向けた内容が盛り込まれています。

The MuRu Center

自己嫌悪

私たちはなぜ自分を憎むのか？
- 自己嫌悪を超えて、心の平和を取り戻す方法
著者 MuRu

発行者｜Lee KyoungHee
発行所｜The MuRu Center
Email｜philosophus@naver.com
ISBN｜979-8-9922999-1-5

この本は人類の集合意識と無意識の産物として捧げます。これは私たちの共有された創造的精神の証であり、文学、芸術、工学、科学研究、音楽、パフォーマンス、あるいは単なる余暇の瞬間に至るまで、すべての作品は私たちの統合された努力から生まれています。一人の心を動かすものであれ、数十億の人々の心を動かすものであれ、創作物の本質的価値は変わりません。私たち一人ひとりが生み出すすべてのものは、本質的に人類全体の共同創作なのです。その有用性あるいは名声がどれほど大きくても小さくても、人類の努力という壮大なタペストリーの中で、すべてに重要な価値があります。

Don't try to be happy. Create 'happiness itself.'

- MuRu

目　次

序文 | 自分を憎みながら生きていくことはできない

「この本を通じて自己嫌悪の無意識的な束縛から解放されれば、自分の問題だけでなく、他者との問題や人生の様々な課題に対する解決策も見出すことができるでしょう。」

- それはとても奇妙なケースでした

ずいぶん昔のことです。自分の問題で助けを求めてきた方がいました。心理的な困難を抱えていたのです。最も大きな問題は「否定的自己像」でした。自己否定と自己卑下、自己不信が深刻でした。幼少期から父親の否定的な影響を強く受けていました。父親は社会的に成功した人物でした。しかし、成功に酔いしれた父親の養育方法は、子どもにとってはむしろ毒として作用していました。どれほど努力を重ね、どんな成果を出しても、その子は決して父親の満足を得ることができなかったのです。さらに他人との競争で最高の成績を収めても、返ってきたのは「お前、たったこれだけで通用すると思うのか？」という叱責だった。幸いにも彼とかなりの期間を共に過ごすことで崩れていた自尊心と自己イメージを結局再び回復できたが、決して容易な道のりではなかった。

先ほど述べた「奇妙なケース」は初期の出来事だった。ある日、彼に自己否定、自己卑下、自己不信などで構成された「否定的自己像」が彼の本来の姿ではなく、真の彼自身ではないことを強く伝えた。具体的に処理しなければならない段階に入ったのです。彼の反応はとても奇妙でした。何か不快に思っているようでした。私が「当時の本来の姿ではありません」と自分の否定的な側面に言及すると、まるで自分が無視され、否定され、攻撃されているように感じているのが見て取れました。自分のために今処理して手放すべき姿であるにもかかわらず、むしろそれを守ろうとしていたのです。

　その時、私は気づきました。「ああ、人は否定的な自分も当然自分だと思っているのだな！苦しみながらもそれに依存しているのだな」言わば人の「自己嫌悪心理」の一つの実体を見たのだった。

　「自己嫌悪」というテーマが心にはっきりと浮かんできたのは、その後しばらく経ってからだった。人の心理と意識についてのコーチング、カウンセリング、教育、勉強会などで多くの人々と出会う中で、人間の問題の中で「自己」に関連する多くのことがこれと関連しているのではないかという確信が生まれたからだった。

　この主題を初めて周囲の人々に話した時は、大半の人があまり興味を示さないか否定的な反応を示しました。当時はまだ「自己嫌悪」という機制と現象の深刻さを十分に認識していなかったのです。今では状況は逆転しました。ほとんどの人がこの主題に関心を寄せるようになりました。それだけこの問題に悩む人と解決策を求める人が増えたということです。

　人は程度の差こそあれ、自己嫌悪の心理を抱えて生きているものです。時にそれは些細な自己警戒や自己反省の形をとることもあれば、中程度の自己後悔として現れることもあります。場合によっては、深刻な自己卑下や嫌悪、自責感、罪悪感、絶望感を抱くこともあります。強度が異なるだけで、すべては自己嫌悪です。つまり、自分自身を嫌うということです。

　自己嫌悪は人生を不幸にします。人生を適切に生きることができなくなり、本来なら十分に享受すべきものを味わえなくなります。人生への意欲とエネルギーが浪費され、自分自身も周囲の人々も苦しくなります。

特に疲労社会と競争社会の代表格である韓国では、社会構造上、個人と集団の自己嫌悪の心理が非常に強く表れています。驚くべきことに、多くの人々は自分自身の自己嫌悪の心理や傾向に気づかないまま生きています。これは競争と抑圧が激しい社会構造と無関係ではありません。また誰もが経験することなので、問題として認識されることもないのです。

「自己嫌悪」はひとつの診断です。本書の目的は、そのような心理あるいは現象を根本的に掘り下げ、理解し、洞察することにあります。そして、この問題を解決し乗り越えるための具体的な視点と方法論を共有することがもうひとつの目的です。個人と集団の両領域においてです。

まず私たちが集団意識的、集団無意識的に過度な自己嫌悪の心理に陥っていることに気づかなければなりません。どんな問題でもまず「存在する」ということを認識してこそ、次の段階に進むことができます。その次は、これを解決することです。自分を憎みながら生き続けることはできません。だからといって、安易に自己嫌悪から目を背けてはならないのです。自己嫌悪は抑制したり、抑圧したり、回避したり、無視したりして解決できるものではありません。そのような対応はむしろ問題をより深刻にしたり、副作用を生み出したりするのです。私たちには回避、抑圧、無視などではなく、適切な方法が必要です。埋没することなく、かといって抑圧したり回避したりもせず、つまり「喜んで受け入れながら同時に超越する」生き方の態度を確立しなければなりません。自分と他者の幸せのために。この本はそのような意図で書かれています。

本書の5つの章の核心内容は次の通りです。
-第1章＜自己愛はどのように自己嫌悪になったのか？＞では、本書の核心テーマである「自己嫌悪」の隠された心理と根本的な原因を詳細に洞察します。意外にも私たちは自分の心理をよく理解できていないものです。第1章では、なぜ私たちが自分を憎むようになるのか、本来の心理とは何かを把握します。これにより自己嫌悪が実は自己嫌悪ではないということを知り、自己嫌悪から解放されるのです。自分を公平かつ客観的に扱えるようになります。

　その後の4つの章は、それぞれが独立した領域でありながら、究極的には自己嫌悪の問題を解決するための助けとなるよう構成されています。言い換えれば、第1章以降の4つの章の内容は「自己嫌悪」の問題を解決するために活用できるだけでなく、各章はそれぞれ独立して、人生における様々な心理的、関係性的、日常的な問題の解決に非常に有益な内容となっています。

　-第2章 ＜自己嫌悪はどのように他者への嫌悪に変わるのか？＞は他者に向けられる「他者嫌悪」、すなわち「投影」について論じています。自己嫌悪の多くは、病的な投影や否定的な投影から生じています。他者嫌悪とは、自己嫌悪が投影されたものなのです。自分を健康的に愛する人は、決して不当に他者を嫌悪することはありません。人々は不健全な投影の中で生きながらも、それを認識できていないのです。自分の投影心理をよく理解するほど、自己嫌悪と他者嫌悪から解放されることができます。

　ー第3章＜「私」は内容によって決定される存在ではない＞は「アイデンティティ」についての話です。アイデンティティは誰もが関心を持つ、人生において最も重要な問題です。社会や大人たちは子どもたちが適切なアイデンティティを形成できるよう支援すべきですが、肝心の大人自身が健全で明確なアイデンティティを持ち合わせていないことが多いのです。この章を通じて無意識的に漠然と知っていたアイデンティティの本質を把握し、健康で成熟したアイデンティティを持つ方法を学ぶことができます。

　ー第4章＜心の傷、経験しないことではなく、大したことではなくなること＞は「心の傷と癒し」についての話です。自己嫌悪は過去に他者や世界から受けた心の傷に起因します。この章では、その心の傷を癒し、対処する方法を具体的に扱います。心の傷に執着せず、回避したり抑圧したりするのではなく、「受け入れ、乗り越える」ことができるようになります。

　-第5章＜関係性の主人公を夢見る人々へ＞では、「関係性と共感」について考察します。これはまさに「人間関係」についての話です。自己嫌悪は個人だけの問題ではなく、集団レベルの問題でもあります。私たちは「個人としての自己」を中心に人生と世界を見ていますが、そのような視点は必ず限界に達します。なぜなら、私たちは関係性の中に存在し、関係性によって完成される存在だからです。この章の後半では「二つの極性を持つひとつのもの」と「二つの真理」という新たな視点を紹介します。私たちは、別個の二つのものでもなく、同時に画一的な一つのものでもないのです。それぞれの極が固有性を維持しながら調和を成し、新たなる一体性となるのです。このような「自己拡張」を通じて、私たちは究極的に自己嫌悪を超越することができるようになります。

　さあ、私たちと共に興味深い思考の旅に出かけましょう。ただし、ここには大前提があります。「自己嫌悪」というテーマを扱う際、これに関連するすべての問題を個人だけの問題に限定しないこと。これを引き起こすあらゆる社会構造的、政治的、経済的問題が存在し、時にはそれらは個人の努力、意志、能力の範囲を超えることもある。したがって、個人の変化だけですべてが解決するとは言わないようにしよう。また社会の変化だけでも解決しない。個人と社会の両領域において解決を図らなければならない。本書で述べている内容もまた、必ずしも個人の領域だけに限定されるものではない。ここで述べている原理や視点は、集団の現象や問題を解決することにも十分に拡張して適用できる。

　もし社会的変化のために私たちができること、そしてすべきことがあるならば、最善を尽くしましょう。政党参加、NGO活動、社会運動への参加など、すべてがこれに該当します。その他にも、私たちが所属するそれぞれのコミュニティでも実践可能です。このように外部的にできることには最善を尽くしましょう。それと同時に、私の著書で述べている視点とアプローチを用いて、個人的に、内面的に取り組むべきことにも注力することが大切です。

本書に込められた5つの人生領域の知恵

- 歪んだ自己愛である自己嫌悪を克服し、真の自己肯定感を取り戻す。
- 自己嫌悪の外部投影である他者への誤った憎しみを止める。
- 他者や社会ではなく、自分自身が「自分」のアイデンティティを決定する。
- 過去の心の傷を「抑圧、歪曲、回避」せずに取るに足らないものにする。
- 関係性の奴隷ではなく、関係性の主人となる。

第1章 自己愛はどのように自己嫌悪へと変わったのか？

1.1 本来は「私は優れている」、だからこそ私は自分を憎む

：自己嫌悪の中に隠された自己愛

　自分を心から憎む人は誰一人としていない。

　それにもかかわらず、誰もが程度の差こそあれ自分自身を憎んでいます。

　そのために苦しんでいるのです。

　いったい、なぜこのようなことが起きるのでしょうか？

　最も大きな理由は、自己嫌悪の巧妙さにあります。露骨に自分を憎んだり、自分を傷つけたりする人はいません。むしろ私たちは皆、自分自身を非常に愛しています。生命体の最も強力な本能は、自己保護本能と自己保存本能です。それにもかかわらず、私たちはほとんど全員が、弱い自己境界から始まり、自己後悔、さらには自己失望と自己卑下へと進み、最終的に自己嫌悪へと拡大していく心理的プロセスを経験しています。

　ただし、私たちが見落としてはならない事実があります。自己嫌悪の本来の心理的根源は「自己愛」と「自己優越感」にあるのです。その始まりから進行過程まで、すべてがそうなのです。つまり結果的に自己嫌悪に陥るのであって、実際には自分の利益のために何かを成し遂げようとする心理が働いているのです。自己嫌悪を通じて自らを緊張させたり自分に注意を促したりすることで、「より良い自分」になることが目的なのです。そのような効果も確かに存在します。しかし、ほとんどの場合、肯定的な効果はわずかである一方、否定的な効果だけが大きくなってしまいます。それが問題なのです。

　人は誰でも自己存在の正当性を得ようとします。また、自分の優越性を確認したいと願います。人だけではなく、存在するものは何でもそうではないでしょうか？自らそう感じ、そう考えることを望みます。しかし目の前の現実はそうではありません。自分が望む基準や水準に

達していないのです。

　さて、このとき比較の源となる基準と水準は誰の姿なのでしょうか？これもまた自分の姿なのです。自分が思い描く自分の姿なのです。自分自身を優れた存在、優越した姿として感じ、考えることである。実際の現実がどうであれ、内面ではそれが「事実」なのである。

　そのような「私」は、まだその基準に達していない現実の自分の姿に、失望と限界、不足感と不完全さを感じるのだ。そのため、本能的に自分を補完し、保護しようとする。自分がそのように劣等で不出来であってはならないからだ。

　こうして私たちの心は、非常に巧妙な戦略を立て、実行していくのである。劣等で情けない自分を本当の（?）自分と分離させ、優越した自分となって情けない自分を対象化し軽蔑することなのです。これによって非常に奇妙な自己救済が成し遂げられます。自分を犠牲にすることによって自分が救われるのです。

　人々はこの過程で起こる微妙な分離と自己防衛の機制に気づきません。ほとんどの場合、自己嫌悪、自傷行為、自己卑下感、自責の念などとしてのみ理解するにとどまります。無意識のレベルでは自己防衛ですが、表面意識のレベルでは自己嫌悪となり、この二つの領域の対立は当事者を混乱させるのです。そして、この混乱を完全に理解できないまま、自分自身を苦しめる巧妙な自己欺瞞の中で、引き続き苦悩することになります。

　結局のところ、生活の質が低下し、日常の幸福が脅かされ、存在の妥当性が心の傷を負うことになります。不出来な自分と優れた自分を設定し、まるで他者を責めるように自分自身を責めることで「自己存在の正当性」を確保しようとするこの戦略は、一見理にかなっているように見えますが、最終的には必ず失敗に終わります。

　失敗する一つ目の理由は、「ダメな自分」も「優れた自分」も本来存在しないからです。存在しないものを設定して何かをしようとすると、最初はそれなりに合っているように見えても、時間が経つにつれて辛くなり、結局何も良くなりません。幻想は現実を生み出すことはできないのです。

　失敗する二つ目の理由は、これが結局は自己欺瞞だからです。巧妙ではあるものの、愚かな心の自分自身への騙し。どれほど自分を分離させて「ダメな自分」ではなく「優れた自分」になろうとしても、心はあまりにもよく知っています。その二つが分離できないということを。二つが結局ひとつだということを。

　時には自己嫌悪、軽蔑、嫌悪のプロセスの中で妙な快楽を感じることもあります。あるいは何かを克服して乗り越えたような錯覚に陥ることもあります。しかし身体であれ心であれ、自分を傷つければ自分だけが痛むということは幼稚園児でさえ知っています。それにもかかわらず、私たちは自己嫌悪を繰り返します。なぜでしょうか？前述した隠れた機制を明確に察知できていないからです。誤解された部分、構造的な誤り、プロセス上の未熟さを明確に認識できていないからです。

　自己嫌悪の牢獄から自由になるためには、この構造とプロセスを明確に認識する必要があります。具体的な解決策を試みる前に、まず自分でも気づかずに行っていた「自己分離」と「自己客体化」、そして「自己嫌悪」のすべての過程が、本来は自分をより確立し、優位性を得ようとした試みであったことを明確に認識することが大切です。ただ、それが効果的ではないだけなのです。まずはこの洞察、気づきが明確になることが重要です。頭で理解するだけではなく、明確に自覚しなければなりません。

　次のプロセスとして、過去の習慣と頑固さを処理する必要があります。気づいただけでは、すべてが解決するわけではありません。手に付いて固まった油性絵の具は一度では洗い流せません。完全に落とすには何度も洗わなければならないのです。高速で走っていた車は、ブレーキを踏んだりハンドルを回したとしても、すぐには止まれず、方向を変えることもできません。慣性が消えるまで、継続して力を維持し続けなければなりません。

　物理的世界に慣性というものがあるように、私たちの心の領域にも慣性が存在します。私たちが何かに気づいて認識したとしても、それはようやくブレーキを踏み、ハンドルを切り始めたところにすぎません。「過去の習慣や頑固さ」という慣性が十分に相殺されるには、物理的な時間が必要なのです。そして、これは物理的な慣性よりもさらに注意深く対処しなければなりません。

　慣性はただの慣性です。習慣と頑固さは絶対的なものではありません。完全に処理される前であっても、もはやそれらによって苦しむ必要はありません。何よりも、私たちは自己嫌悪を繰り返す必要がないのです。これが最も重要なことです。自己嫌悪の巧妙でありながら愚かな構造とプロセスに気づいたなら、その瞬間に「すでに」ブレーキは踏まれ、ハンドルは切られているのです。残された過程は、まだ残っている感情や方向性が単なる習慣と頑固さに過ぎないことをリアルタイムで認識し、変化を止めないことです。気づくことですでに止まり、方向は変わっているのです。

Summary

　誰も真に自分自身を嫌っているわけではありませんが、誰もがある程度は自分を嫌悪しています。これは自己嫌悪の巧妙さから生じているのです。自己嫌悪の根源は、実は自己愛と優越感にあります。自己嫌悪は自分をより良い存在にしようとする試みですが、結果的には否定的な影響の方が大きくなります。劣等な自我と優越な自我の分離と客観化によって自己嫌悪が生じますが、これは一種の自己防衛戦略なのです。このことを明確に理解できれば、自己嫌悪から解放されることができるでしょう。そのためには、過去の習慣や執着の慣性に向き合う必要がある。自己嫌悪を止め、残存する感情や方向性を習慣と執着の表れとしてリアルタイムで認識しながら、変化を持続させていくことが大切だ。

1.2 彼らの非難がいつの間にか「私自身のもの」となった
：思考を「自分」から切り離す

　人間の心理は、物理的な対象のように単一の様態や説明、分析だけで存在する領域ではない。そのため、さまざまな解釈や分析が可能なのである。いずれの場合も重要なのは、その解釈と分析を通じてどれだけ「実際的な助け」を得られるかということだ。つまり実用性である。

　精密かつ正確な洞察は、実用的な解決策を自然と思い浮かばせます。時には洞察そのものが即座に解決策となることもあれば、洞察後に具体的な解決策が時間を置いて自然と浮かび上がることもあります。いずれの場合も有益です。

　前章では自己嫌悪を引き起こす自己優越感について考察しました。今回は自己嫌悪を生み出すもう一つの原因について探っていきます。自分の考えを自分自身と同一視することによって否定的自己像を持つようになるのである。結論から言えば、私の考えは私自身ではない。

- **外の世界が植え付けた否定的な考え**

　幼少期は主に外部から情報が収集され、注入される。そして年齢を重ねるにつれて、徐々に自分の内部から様々な考えを生み出し始める。もちろん、どのような場合でも外部から入ってくる情報と内部で生まれる情報は互いに影響し合う。純粋に一方的な場合は存在しない。ただし、人間がいくら自分で考え、思い浮かべるとしても、その基盤は外部から入ってきた情報です。これを覚えておきましょう。私の中にある大部分のものは、外部から入ってきたものです。

　このような機制を人間の自己イメージあるいは自我像と結びつけてみましょう。私たちは自分の自我像を自ら作ることができません。幼い頃から親や家族、そして他者と世界が自分に与える情報に、個人の気質や性向、思考のパターンなどが加わって自我像が形成されるのです。つまり、外部と内部の要素が融合するのである。どの要素の影響がより大きいかは、個人の性向や特性によって少しずつ異なるだろう。

　人の自己イメージはすべてこのような過程で形成される。問題は自分を憎むようになる「否定的自己像」である。自分でも気づかないうちに否定的自己像が形成され、それに継続的に影響されるのである。人生のエネルギーと意欲を奪っていく否定的自己像も、先述した流れに従えば、結局は外部から注入されたものなのである。それは人によるものであれ、外部環境や社会によるものであれ同じことです。時折、生まれつきの否定的・悲観的な性向によって形成される部分があるかもしれませんが、根本的には外部からの影響と刷り込みが優先的要因だと考えるべきでしょう。

　自己イメージへの外部からの刷り込みが起こる時期は大抵幼少期であり、最も大きな影響を与える存在はもちろん親です。その他にも、成長過程で出会う親戚、友人、教師、知人なども自己イメージの形成に少しずつ関わっています。幼い子どもたちは、与えられる情報の取捨選択を能動的に決定できず、ほとんどをそのまま受け入れてしまいます。さらに、拒否したい否定的な情報さえも無意識的には「そうだ」と受け入れてしまうのです。

　外部から植え付けられる自己イメージには否定的な内容が多くあります。それらは主に個人の能力や状態に関するものです。「得意なことが何もない」とか「無能だ」とか「怠け者だ」といったもの。あるいは外見や価値に関することもあります。「醜い」とか「あなたには価値がない」といったものです。比較的成熟した社会では、子どもたちへの否定的影響を最小限に抑える教育的、文化的な仕組みが数多く整備されていますが、未成熟な社会ではそうではありません。否定的自己像を抱いたまま成長した大人の世代は、子どもたちにも影響を及ぼします。その結果、個人の自己イメージには共有性や肯定性ではなく、画一性、否定性、抑圧性などが顕著に表れるようになります。

- 彼らの考えを「自分の考え」として受け入れてしまうこと

　問題はこの点にあります。ある瞬間から、私たちは外部から注入された視点を「自分固有の考え」と勘違いし始めます。この時点から、もはやそれが外部から来たものだとは認識できなくなります。最初は拒否していた内容さえもそうなのです。意識的には拒否していても、無意識的には入り込んでしまったのです。

　見方によっては「外部の考え」と「内部の考え」は最初から明確に区別されないものかもしれません。つまり、私たちが区別しているだけで、内部も外部もなく、ただ「考え」が存在するだけなのです。そのため、外部の思考を自分自身の内部の思考だと錯覚することが容易に起こりえます。

　外部の思考によって自己イメージが形成されるのが自然であるように、外部から取り入れた考えを自分固有の思考として捉えることも、特に大きな問題ではありません。むしろ、人間特有の言語使用能力を通じて、人類固有の複雑で深層的な思考能力を発展させる過程で自然に生まれた機能だといえるでしょう。それはただひとつの道具なのです。このプロセスの構造と進行を明確に区別して認識する必要があります。理解していなければ、無意識的に同じパターンを繰り返してしまうでしょう。）

　真の問題は最終段階で発生します。

- 自分の考えを「自分自身」と同一視し、それに固執すること

　問題は否定的な考え、否定的な情報、否定的自己像にあります。ここでは否定的自己像に焦点を当てて話し合ってみましょう。

　外部から植え付けられたものであれ内部で形成されたものであれ、自分を苦しめ、辛くさせ、エネルギーを奪う否定的自己像は、可能な状況であれば、捨てるか、無視するか、その影響を止めることが解決策です。あるいは肯定的、積極的なものに変えた方が私にとって有益

だろう。

　私たちは否定的自己像を変えたり、捨てたり、無視したりすることができない。人々が私に「あなたは十分素敵よ。素晴らしいわ。よくやっているよ」と言ってくれても、かえって否定してしまう。表面上は「そう？ありがとう」と頷くけれど、内心ではそうは思っていない。私が感じる私、私が認める私、私が受け入れる私は、依然としてダメで無能で魅力がなく意味のない存在のように思える。心の中では、これまで抱いてきた自分に対する否定的なイメージと自己嫌悪、自己否定が作用しています。「これが嫌だ。変えたい」と思いながらも、それは続いていくのです。

　なぜでしょうか？私たちは利己的な本能を持つ存在なのに、なぜこの部分では自分のための選択ができず、むしろ有害な選択をしてしまうのでしょうか？

　それは、この中に隠された矛盾の秘密に気づいていないからです。つまり、無知ゆえに起こる反応なのです。正しく明確に気づくことができれば、自然と消えていくものなのです。その矛盾とはまさに「自己の思考」と「自己自身」の同一視機制です。

　「同一視」機制のようなものはすでに知っていると？いいえ、違います。もし本当に鮮明に気づいて認識したのであれば、必ず変化が起きるはずです。どれだけ頭で、理論的に、知識として知っていても、実際に認識して、気づいて、自覚して、覚醒していなければ、正直に「知らない」と言うべきです。自分はまだ知らない状態であることを認めなければなりません。まだ知らないのに知っていると勘違いしたままでいれば、正しく知る機会を自ら奪っていることになります。実際に気づかなければなりません。あるいは自覚しなければなりません。そのため、もはや自動的な同一視が起こらないようにならなければなりません。あるいは同一視に気づき、無意識的に巻き込まれたり埋没したりしないようにする必要があります。何らかの努力で同一視を止めたり取り除いたりするのではありません。また、無視したり抑圧したりするものでもありません。気づき、察知することによって自然と止まるのです。

　より簡単に言えば、もはや「頑固さ」を貫かないこと、あるいは執着しないことなのです。「私の考え」を「私自身」として同一視する意識的な行為のことです。あるいは、私の考えを絶対視しないということでもあります。必要な時には強く主張し活用しますが、必要のない時には軽く流したり手放したりすることです。

　努力しても依然としてネガティブに考えてしまうとどうすればいいのかって？それが簡単にできるわけないだろうって？だからこそ「頑固さ」と呼んだのです。無知だからそうしているわけではありません。誰でもある程度は知っていたり感じていたりするものですが、それにもかかわらず「私の考えがすなわち私自身である」という信念あるいは精神的習慣を手放したくないのです。もちろん、この「手放したくない気持ち」も極めて無意識的なものである可能性があります。「私も手放したい！」と言いながらも手放せないケースもあるでしょう。しかし結局は自分自身が手放していないのです。この事実に気づき、認めることが必要です。

　外部から取り入れたものであれ内部から生じたものであれ、「思考」はただの思考に過ぎません。思考は「私」そのものではないのです。思考を自分自身だと同一視すると、自分の存在性を守ろうとする本能に従って、自分の思考も守ろうとする誤りが生じてしまいます。

- 注目を集めるからといって、それが重要であるとは限らない

　誰にでも「自分の存在性」を守ろうとする本能がある。肉体的には自分の生命と安全を保護しようとし、精神的・心理的には自分の存在性を守ろうとする。肉体の存在性のために、私たちは勤勉に食事をし、身体を保護し維持するための行動をとる。そして精神的・心理的存在性を維持するために、自分と他者からの承認を望む。これらはすべて自然な本能であり、何ら問題のない行為である。

　問題は、そうする必要がないのに、あえてそれを守ろうとするとき

です。つまり、肉体的あるいは精神的な私の存在性を守り維持することと本質的に関係ないケースでさえ、無理に守ろうとするとき、様々な苦痛と問題が生じます。そのうちのひとつが、私がすでに抱えるようになった否定的な考え、特に否定的自己像です。

　否定的な考えや否定的自己像にも、それなりの役割はあるでしょう。人間は肯定的なものよりも否定的なものにより注意を払い、重要性を与えるように進化してきました。肯定的なものは、あえて注意を払ったり意図的に気にかけたりしなくても何の害もないので、放っておいても良いのです。つまり無視することになるのです。これは効率性の問題でもあります。

　否定的なものは、そのまま放っておいてはいけません。それらがいつ私たちに害を与え、苦痛をもたらし、問題を引き起こすかわからないからです。不安をもたらす存在なのです。したがって、私たちの意識と注意は否定的なものに焦点を合わせなければなりません。そうすることで自分を守ることができるのです。これは一種の自己保護本能なのです。

　「注意が集中するもの」をただ「重要なもの」と勘違いすることで問題が生じるのです。あるいは「それが事実であり、それがより正しい」と誤解することもあります。ただ必要に応じて注意をより向けるだけなのに、「それが重要で、事実で、正しいから」そうだと錯覚してしまうのです。

　ここに「私が正しい」という自己確信の意識パターンが加わります。私たち人間はとにかく「私が正しい」という基本的な心理を根底に抱えて生きています。これは間違いではありません。ひとつの動物的本能に近いものなのです。どんな存在も内面に「自分がやっていることは正しい。私はうまくやっている」という本能的な感覚がなければ、適切に行動し活動することができない。これがなければ、常に落ち着かず、慌てふためくことになるだろう。したがって、自動的に持つようになる自己確信は極めて自然なものである。

　問題は「私は正しい。私が正しい」というこの感覚を画一的に適用する時である。客観的に見て自分が間違っているかもしれない、あるいは修正すべき時でさえ、なお「私は正しい。「自分が正しい」という感覚に埋没して頑固さを示し執着すると、かえって自分自身に損害をもたらすことになります。

　これまで説明した三つの機制が合わさることで、最終的な誤りはより一層強力なものとなります。つまり「自分の考え」と「自分自身」を同一視し、そこに「否定的な考え、否定的自己像が事実であり、重要であり、正しい」という錯覚が加わるのです。そして最後に「私が正しい」という感覚と結びつきます。「自分を守る」のです。「自分を維持する」という本能の誤った使用によって、そして「私が正しい」「私が正しい」という本能の誤った適用によって否定的自己像と自己嫌悪を固守することになるのです。それが却って実際の自分を傷つけることになるにもかかわらず。悲しい錯誤です。

　私たちはどうすればよいのでしょうか？自らを苦しめる自己否定、自己嫌悪の機制がこのように無意識的で避けられないものならば、なすすべもなく私は自分自身を憎み、否定し続けるしかないのでしょうか？

　決してそうではありません。もちろん方法はあります。まず前述した自己嫌悪の隠れた機制をより鮮明に自覚しましょう。気づいて察知することです。単に頭だけで、あるいは知識だけで、理論だけで理解するのではなく、日常生活でも継続して鮮明に意識することが大切です。

　次に「無意識を意識化するプロセス」を作る必要があります。これまでは前述のような機制と反応が起きても無意識的にのみ発生し、当事者である自分も無意識的かつ自動的に繰り返してきたとすれば、今度は同じプロセスが起きたときに意識的に照らし出すのです。自覚して気づくことが重要です。「あ、これはこういうことなのだ」と能動的かつ積極的に意識化することです。意識化がなければ、私たちは事実上何も知らないのです。これまでは自分がすることと自分に起こることが当然正しくて良いものだと思っていたとすれば、今からは冷静に観察して判別する必要があります。これが本当に正しく自分にとっても良いものなのか、それとも単に意識的本能と習慣によって繰り返される有害なものなのかを見極めるのです。

「固有の自分の考え」ではなく「外部から注入された考え」であることを認識すべきです。自己イメージも同様です。私たちが持つ自己イメージの相当部分は、外部から注入されたものである可能性に気づく必要があります。現在の自己イメージのすべてを否定したり間違っているとみなせというわけではなく、自己イメージの中でどの部分がそうなのかを見極める必要があるのです。それを自分固有の自己イメージだと勘違いしてきたことに気づかなければなりません。

最後に、「私の考え」を「私自身」とみなすことをやめるべきです。考えは単なる考えであり、私そのものではありません。考えを止めたり否定したり修正したりすることは、「私自身」を変えることとは異なります。誰かが私の考えを否定したからといって、私自身が否定されたと感じるのは、純粋に私の思い込みに過ぎないのだ。

否定的なことを無意識的に「事実であり重要だ」と考えるのをやめ、「私が正しい。私は間違っていない」という無分別な思考パターンも手放す。抑圧したり無視したりするのではなく、ただ気づくということなのだ。明確に自覚すればするほど、自然と止まっていくだろう。もっともらしく見えても実際には自分を傷つける不必要な精神的な頑固さ、固執、執着を手放すのだ。それは自分自身のためにすることなのだ。

必要な時には当然自分の考えを固守すべきであり、相手や世界に自分の主張を強く伝え、実現させなければなりません。私たちの自己イメージも同様です。それを鮮明に形作り、他者や世界に示すべきです。それは基本であり、極めて当然のことです。重要なのは、それが必要でない時です。あえてそうする必要がない場合には、状況に応じて最も適切な選択をすれば良いのです。

　実にシンプルなことです。そして、このような行動こそが真の意味で利己的なのです。なぜなら、それが自分の利益に最も役立つからです。

　中途半端に利己的に振る舞うのではなく、真に利己的になってみましょう。習慣に流されて損をするのではなく、意識的に思考と反応のプロセスをコントロールし、自分にとって最も有益な状態を作り出しましょう。

Summary

　自己嫌悪は、外部から取り入れた否定的な考えを自分自身のものと誤認し、それを自我と同一視することから生じます。思考と自我を分離し、否定的な考えの出所を認識し、無意識的なプロセスを意識化することが必要です。考えは単に考えに過ぎず、自分自身ではないという点に気づくべきです。このようにすることで不必要な執着を手放し、真に自分のためになる選択ができるようになります。

1.3　自責と罪悪感は、変えられないものを変えようとする心の現れである

：自己嫌悪感と罪悪感は利己的である

　今回一緒に考察する自己嫌悪の三つ目の隠れた心理は、自己嫌悪感と罪悪感です。

　自己嫌悪感と罪悪感はある程度表面化した心理です。先に述べた「自己愛の歪み」と「否定的思考と自分の同一視」が自分でも気づかないうちに起こる機制であるのに対し、自己嫌悪感と罪悪感はすべての人が明らかな自己嫌悪の心であることを認識しながら行うものです。

　ここにも隠された機制が存在します。これを鮮明に自覚すればするほど、自己嫌悪から抜け出す道は近づいていきます。

- すでに存在する過去と現実を堂々とした気持ちで受け入れること

　自己嫌悪感、罪悪感の本来の姿は、客観的な自己反省と自己省察です。これも過度でなければ大きな問題にはなりません。しかし自分の過ち、ミス、無能さ、失敗、不器量などを過度に意識するあまり、自己反省を超えて自分自身を苦しめる自責、自傷行為、罪悪感へと発展してしまうのです。

　過ぎ去ったことに対するフィードバックと反省、内省を超えるすべての「自分を責める行為」は不必要であり、自分だけでなく時には相手も苦しめることになります。そして状況を客観的に見て適切な解決策を見出すべき時に、力が抜けて何もできず立ち止まってしまうのです。不必要で非実用的な自責の心理に埋没してしまう理由はいくつか存在します。

　自分が引き起こした、あるいは自分に関連するネガティブな状況について、人々は大抵意識的、無意識的に「自分の過ち、自分の責任、

自分の無能さ」などを追加で思い浮かべがちです。「私が間違ったからそのようなことが起きた。」「私が無能力だからだ」というような感情と思考です。しかし実際には「完全に私の過ち」というようなものは存在しません。もちろん私にもある程度の責任はありますが、同じ状況では他の人でも似たような結果になっていた可能性が高いのです。それでもやはり、失敗やミスの当事者が他ならぬ「私」であるため、私たちは責任意識を感じます。これが行き過ぎて自分を自責するとき、問題が生じるのです。さらに他の人が大丈夫だと言っても、一人で自責を止められないことがあります。なぜでしょうか？

　過去と過去の自分を認められないがゆえに「別の夢」を見てしまうのです。すでに起きた現実を認めないという頑固さで、「別の自分、別の結果、別の状況」を望んでいるのです。しかし、それは私の願いに過ぎず、過去と現実を変えることはできません。別の夢、別の願いは一見すると自分のためのように思えますが、実は自分自身を欺いているのです。人生にはそういう時があります。自分にとって良いと思って選択したことが、結局は自分を苦しめることになる場合です。自己嫌悪感、罪悪感がまさにそれにあたります。

　唯一の、そして最も賢明な対応は「全面的な受容」です。誤解しないでください。ここで言う「受容」とは、諦めたり絶望したり無力に受け入れたりすることではありません。反対に、最も積極的で能動的な心で、すでに存在する過去と現実を堂々と受け入れることです。その存在を許容することです。自分が人生と存在の主体となって。別の表現をすれば、「喜んで経験すること」あるいは「喜んで向き合うこと」とも言えるでしょう。それらが好きだから、上手だから、妥当だからではありません。すでに存在していたから、ただ許し受け入れるのです。

　私が許そうが許すまいが、過去はすでに存在していないのです。それにもかかわらず、私たちは別の状況を夢見るがゆえに、過去の存在を許せず、継続的に否定しようとしてしまいます。不可能であるにもかかわらず、可能だと信じ、執拗に否定し続けるのです。否定される過去には他者も、状況も含まれていますが、最も中心となるものは結局「私」なのです。「過去の自分」を受け入れられず許せないからこそ、自己否定が生じるしかなく、自己嫌悪感や罪悪感が芽生えるのです。苦しく辛くとも、過去の自分、不十分な自分、自分でありたくない自分を消し去りたいと願うのです。

　その努力と苦悩は称賛に値し、十分理解できますが、残念ながらそれは効果のない戦略なのです。努力する人だけが疲弊するだけで、何の効果も得られません。自己嫌悪感や罪悪感の本質が、そもそもそういうものだからです。

- 自己嫌悪感、罪悪感はかなり利己的である

　自己嫌悪感や罪悪感は謙遜でも自己反省でもない。逆に無意識的な心理的優越感あるいは安定感と満足感を得るための戦略である。それは誤った戦略であり、結局自分自身が犠牲者となってしまう。

　一見すると理解しがたいかもしれない。他者や状況ではなく、自分の過ちを自覚し責任を痛感する心理なのに、なぜ利己的なのか？もちろん、適切な自己反省ならばそうではあり得る。しかし、ほとんどの自己嫌悪感や罪悪感は、巧妙な利己的心理が加わって形成されています。自分の「別の姿」を夢見るのはそのためです。これは一種の自己裏切りであり、自己欺瞞なのです。まず基準を高く設定し、そこから自己満足を得るのです。「私はこのレベルの人間だ。このような存在なのだ。たとえ実際にはそうでなくても。」

　これは心理的に耐えるための戦略でもあります。現在の姿をありのまま受け入れられないため、偽りの姿を作り出し、それを本当の自分としてしまうのです。しかし、どちらの姿も真実ではありません。つまり、自分が考える「ダメな現在の姿」も真実ではなく、また自分が望む「優れた自分の姿」も実際には存在しないのです。

　「現在の姿」が何らかの出来事や状況において自ら設定した基準に達しないとき、過度な自責と罪悪感を抱くのです。このように非実用

的な優越感あるいは心理的防衛のためのものであるため、「利己的」
と表現したのです。たとえ現実では失敗したとしても、内面では失敗
せず、劣っておらず、素晴らしく、有能で、うまくやっている自分を描
くことによって、心理的優越感、満足感、安心感を満喫したいのです。
そうすることで、実際の自分や実際の状況との分離が起こるのです。
さらに実際の自分と現実を正しく見ることができなくなり、実用的な
対応や解決策を思いつけず、実行することもできなくなります。結果的
に自分自身を傷つけることになるのです。自分自身に害をもたらす失
敗した利己心、これこそが自己嫌悪感と罪悪感の本質なのです。

　別の姿を夢見てはいけないということでしょうか？人間は誰しも今
よりもっと良い自分を追求するものではないでしょうか。そうしてこ
そ自己成長も可能になるのではないでしょうか。その通りです。ただ
し、正しく行うことができれば、それで良いのです。この文章の趣旨
も、それを適切に共に実践してみようということです。
　ただ「幻想」を抱く必要がないという意味です。ここで言う「別の
姿」は一種の幻想です。現実や実際とは関係性のない「高い基準と理
想化された自己像」は魅力的に見えますが、それは幻想にすぎません。
幻想はどのような場合でも、役立つよりも副作用だけを生み出します。
ですから、幻想の代わりに極めて現実的で実用的な目標と戦略を立て、
それが自分にとって有益かどうかを見極めようということです。つま
り、実用的ではなく有害な戦略は修正すべきだということです。他の
誰でもなく、自分自身のために。
　幻想は自ら作り出すというよりも、他者や世界から植え付けられる
ことが多いのです。健康で合理的な判断からではなく、受動的かつ無
意識的に外部のイメージを取り入れ、それを「自分が望む自己像」と
勘違いして信じ込んでしまいます。ここから様々な弊害が生じるのです。
例えば、性別を問わず、世間で良いとされる理想的な体型、美しい容
姿、高い身長を望む場合がこれに当たります。「メンタル最強」と表
現される精神を持つことも含まれます。社会的に成功したと認められ

るパートナーと出会うこと、誰もが羨むような能力と素晴らしい職業
を持つこと、知識や名誉、知名度を獲得することもこれに該当します。
あるいは、所属するコミュニティや組織で能力を発揮することかもし
れません。

　前にも述べたように、何かを達成したいのであれば、最善を尽くし
て取り組めばよいのです。重要なのは、それが本当に自分自身が選択
した目標なのか、それとも外部から植え付けられ、盲目的に望むよう
になったものなのかという点です。前者は達成過程と結果の両方が私
を幸せにしてくれます。後者は逆に毎瞬間私を苦しめることがあります。

　私たちには自分のものだと勘違いしている「他人の目標」ではなく、
自ら立てる「私の目標」が必要です。それによって幻想を固持するこ
とで生じる不必要な自己嫌悪感、罪悪感から解放されることができま
す。

- 自己嫌悪感、罪悪感の健全な原型は自己保護本能です

　考古学界に伝わる興味深い話があります。ある地域に、古代から数
多くの動物たちが落ちて死んだ巨大な沼地帯があったという。現代に
入り、その沼地帯は水分が抜けて固い地面となったが、考古学者たち
がその地を発掘すると、長い間埋もれていた動物の化石が数多く出土
した。唯一出てこなかった動物がいた。それは人間だった。

　人間は他の動物たちがそこに落ちて死ぬのを見て、危険を察知した
のだろう。あるいは何人かがそこに落ちて救助されたこともあるかも
しれない。様々な事例を経て、人間はその場所の危険性を把握し、避
けて通ってきたのだろう。一方、動物たちはそのような認知能力がな
いため、何度も落ちてしまうのである。

　「何かが間違っている」という感覚は、未来の潜在的な危険から私
たちを守ってくれる。私たちが感じる自己嫌悪感と罪悪感もまた、本
来は潜在的な危険から自己を保護するための一種の保護本能である。
だから私たちは、同じ過ちや状況を繰り返さないよう努めるのである。

まるで他の動物たちは皆が陥る沼地に自分だけは陥らないかのように。人間にとって、これは物理的な場所や障害物だけでなく、危険な状況や自分の過ちを避けることにも適用される。このように客観的で中立的であるべき自己省察や自己反省の目的に、いつの間にか不必要な感情反応が加わったり、あるいは完全に取って代わったりしてしまうのである。

　私たちが自分自身について「何かが間違っている」と感じ、実際にそうであったとしても、その瞬間に思い浮かべるべきは自己嫌悪感ではなく、「沼地を避けた賢明な人間」なのです。私たちが感じる「良くない感情」は、再びその沼地に陥らないようにという「有用な警戒心」に過ぎないのです。そのシグナルを受け取り、次に向けてしっかりと準備すればよいのです。止めるべきことは止め、変えるべきことは変え、加えるべきことは加えていけばよいのです。

- 問題は自己嫌悪感、罪悪感ではなく方向性である

　過去は、どれほど「別の夢」を見ようとも変わることはない。誰もが知っている事実だ。絶えず「変わった過去」を夢見て望むことは精神的な頑固さに過ぎない。言わば、駄々をこねているようなものだ。推測するに、この頑固さの原型は、私たちが幼い頃に何かが必要で駄々をこねると、そばにいた保護者が応えてくれたその体験にあるのかもしれない。

　ある程度年を重ねると、もはやその方法は通用しなくなる。中にはより長くだだをこねる人もいるが、ほとんどの人はある時期を過ぎるとそういった反応は終わる。それ以降は、状況と現実に合わせて最も賢明で適切な方策と態度、行動と思考を取るようになる。誰もが最善を尽くしてそのように生きているのだ。私たちの無意識の中には、乳幼児期の痕跡がいまだに残っているのかもしれない。すでに過ぎ去った「過去の間違った状況、過去の間違った自分」を許せず、受け入れられず、継続的に拒否し続けているからなのです。対象は存在しないの

に、まるで誰かに「駄々」をこねているようなものです。

　私たちが取り組むべき課題は「無意識の意識化」です。先に述べたさまざまな原因により、私たちの中には「すでに存在している過去」を否定したいという無意識的心理が生じてしまいます。もはや有用性も実用性もないこの機制を繰り返し、頑固さにしがみつき、手放すことができないでいるのです。単に心理的な満足感、慰め、安心感を得るためなのです。

　このプロセスが無意識的に起きていることを意識化しなければなりません。気づき、認識する必要があるのです。明確に意識化すればするほど、まるで闇が光によって自然に消えていくように、私たちの無意識的なパターンや習慣も徐々に消えていくでしょう。もちろん、意識的な努力が加われば、さらに効果的です。そうすればするほど、私たちの意識は力を得て、不必要にエネルギーを浪費する後悔と自己否定を止められるようになるでしょう。そのように形成された意識の力によって、自分自身と周囲をより健康にし、現在と未来を充実させていくことができるでしょう。

　喜んで取り組む価値のあることではないでしょうか。

Summary

　自責と罪悪感は、過去を変えようとする非現実的な欲求から生じています。これは自己保護本能の歪んだ形態であり、実際には利己的な心理的戦略なのです。これを克服するためには、過去と現実をありのままに受け入れ、無意識的なプロセスを意識化する必要があります。自責よりも、経験から学び、未来のために準備することが重要です。現在と未来に集中することによって、不必要な自己否定を止め、より健康的な人生を送ることができます。

1.4 さらには「否定的な自己」にさえ依存している
：存在するものには依存が必要ない

「自己嫌悪」の心理機制はやや複雑です。特に自分でも気づかないうちに心の奥に隠れていることが多いのです。そのうちのひとつがまさに「否定的な自己に依存すること」です。この言葉は少し意外に聞こえるかもしれません。「私が否定的な自分に依存するって？あり得ない。「むしろそれのせいで辛いのに？」と思うだろう。実際には依存しているのだ。この文章とともに、私たちも気づかないうちに抱えている自己嫌悪のもう一つの隠れた心理に気づき、それを受け入れ、そして乗り越えていこう。

- 依存している限り不安にならざるを得ない

私たちは通常、否定的なものを嫌い、遠ざけ、取り除こうとすると考えている。多くの場合はそうである。「否定的な私」、つまり自分自身に対して抱く否定的自己像、否定的自我感覚、否定的存在感、否定的自尊心などについては、むしろ逆である。自分でも気づかないうちにそれに依存しているのだ。

まだ疑問に思っていますか？「私は本当に否定的な自己を消し去りたい、修正したいのに、なぜ私がこれに依存していると言うのだろう？」と。

ここに、あなたが本当に嫌いなものがあります。そんな時、あなたはどうしますか？人間は本当に嫌いなものは実際に捨て去ります。それから離れるか、見ないようにするのです。しかし「否定的な自己」に対してはそうすることができません。さらに、傍らで他の人が止めようとしても、執拗に否定的な自己に戻り、それに集中し、それに囚われてしまうのです。

ここで私たちが気づくべきことがあります。「肯定的な自己」であれ「否定的な自己」であれ、それは重要ではありません。この機制の核心は「依存」なのです。肯定的であれ否定的であれ関係なく、私が何かに依存しているという事実自体が核心です。これを明確に認識する必要があります。

　人間は様々な対象に依存します。所有物かもしれませんし、関係性を結ぶ人々かもしれません。宗教、特定の価値観や哲学、達成した業績、外見、親、子供など、何でも依存対象になり得ます。なぜこのように依存するのでしょうか？それは、自分の存在性を自ら確認するためなのです。依存する対象の価値や意味に応じて、自分の存在価値が確保され確認されると考えることです。当然、対象の価値や意味が大きければ大きいほど、私の存在価値も大きくなります。

　私たちが見落としていることがあります。それは、私たちが必ずしも肯定的なもの、良いものだけに依存しているわけではないという事実です。否定的なもの、悪いものでさえも、私の存在価値を確保するための依存対象になりえます。意識的にも無意識的にも。重要なのは肯定性の有無ではなく、「どれだけ依存するに値するか」ということです。強度や影響力が大きいほど依存度も高まります。

　時折、精神疾患を抱える人々が犯罪や嫌悪感を引き起こす行為を犯すことがあります。彼らは世界や人々が自分に関心を持ったり、恐れたり、怒ったりする様子を楽しんでいます。それは自分の存在性が確認されるからです。インターネット上の一部のコミュニティでも同様の現象が起きているのではないでしょうか。映画などでは、そのような人物が連続殺人犯として描かれることもあります。

　自己嫌悪の心理においては、そのような依存対象が「否定的な自己」となるのです。明らかに良くなく否定的なものであるが、自分でも気づかないうちにそれを自分の存在性の基礎あるいはアイデンティティとして構築してしまうのである。嫌悪し、苦痛を感じながらもそれに依存してしまう。もし自分が自己否定や自己嫌悪の心理が強いと感じるなら、それを止めるか、取り除こうとしてみるべきだ。もう自責して絶望しないよう意識的に努力してみるのだ。しかし、それは決して容易なことではないだろう。私がそのような感情を抱くようになったのには、私なりの正当で妥当な理由があるからである。良かれ悪かれ、自分を否定的に見ることが一定の妥当性を持つと考えているからです。

　それは単に自分自身を欺いているだけなのです。健全な自己反省や自己判断だと思うかもしれませんが、実際は自分の存在感とアイデンティティを「否定的な自己」という対象に依存しているだけです。そのような形で存在性を確保することに成功したとしても、心は非常に苦しいものです。人間関係や日常生活にも悪影響を及ぼします。その苦しみさえも結局は存在性依存の対象となる。実に奇妙な機制と言わざるを得ない。

　このような人に友人や知人が「あなたは良い人だよ。あなたはできるよ。私はあなたの長所を見ることができる。あなたが悩んでいる姿はあなたの本当の姿ではないよ」と励ましても、当事者の十人中九人はその言葉を拒絶する。先に述べたように「否定的な自己」を本当の自己と同一視しているのである。

　自分の否定的自己イメージを壊したり修正しようとする試みにむしろ抵抗し、自分に有害な信念を固持するのはなぜだろうか？それはすでにそれに依存しているからである。それがより妥当だと信じており、それがより馴染みのあるものなのです。それが「自己」なのです。

　依存の問題を解決するためにはどうすればよいのでしょうか？

　多くの場合、その反対の「肯定的な自己」を強調することがあります。肯定性を育み、肯定的な自己イメージを新たに確立するよう勧められます。もちろん否定的な自己よりも肯定的な自己に存在感とアイデンティティを依存させることも良い方法です。ですから、できるならば最大限にそうしましょう。しかし、それは根本的な解決策にはなりません。前に述べたように、どんな対象に「依存する」ことも本質的には同じだからです。私たちの存在性、価値、意義などを何かに依存している限り、私たちは不安を抱えざるを得ません。そして時間が経つと、その依存関係は揺らぎ、いつかは否定的な形で表面化するものです。

　なぜでしょうか？私の存在性は、内部であれ外部であれ、どんな対象にも依存しているものではないからです。私の存在性はそれ自体で固有であり、意味があり、価値があるからです。

　もし私が何かを上手くこなすこと、成し遂げること、一生懸命取り組むこと、自他からの承認を得ることなどに自分の存在価値を依存させるとどうなるでしょうか？もし依存対象が揺らいだり崩れたりすれば、私の存在性も同時に揺らいでしまう。さらに、自分が上手くやり、自他ともに認める満足の瞬間でさえ、心の奥では説明できない不安感が漂うのを防ぐことができない。実際、私たちは順調なときでさえ、未来がうまくいかなくなるのではないかと恐れてはいないだろうか？これは単に未来の挫折に対する不安だけの問題ではない。依存すべきでない対象に自分の存在性を依存しているため、内面の奥深いところから自然と不安が生じてくるのである。その対象が成功している肯定的な自分であったとしてもです。

- 存在しているものには依存が必要ない

　「依存」それ自体も大きな問題はありません。私たちがしっかりと立つためには、有用なものに頼ったり、依存したりすることも良い方法です。ただし、依存機制が絶対的なものではないことを知るべきです。単に有用な道具であり手段に過ぎないのです。日常でも私たちは多くのことに「喜んで」依存しています。私たちのアイデンティティや存在感だけではなく。それは物理的な道具になることもあれば、抽象的な手段になることもあります。しかし、それらに依存するからといって、私たちのアイデンティティと存在性までそれに左右されるようにしてはなりません。

　「否定的な自己」についても同様です。もし継続する自己嫌悪から抜け出せなかったり、自己嫌悪、自己卑下、自責感、罪悪感などに深く苦しんでいるなら、今こそはっきりと認識すべきです。それは客観的な自己反省や自己判断ではなく、「否定的な自己」に自分の存在性とアイデンティティを依存しているからなのです。その意識的な行為の不必要さ、無意味さを自ら気づき、認識しなければなりません。

「依存する対象がなければ私の存在性も崩れたり消えたりする」という不完全な思い込みを打ち破らなければなりません。「私が依存する対象の価値や意味によって、私と私の存在性の価値と意味が決まる」というのも同じことです。一見もっともらしく思えますが、これは事実ではなく単なる思い込みに過ぎません。

私が存在するためには何の依存も必要ないのです。

私の存在性は私が依存する対象と関係なく、固有で堂々として完全なものなのです。私と私の存在性の価値と意味は、私が依存する対象の価値や意味によって決定されるものではない。

あえて自分の存在性とアイデンティティを否定的な自己に依存させる必要がないことを自覚しましょう。それが私たちの自己生存本能、自己維持本能、自己保護本能であることを理解しましょう。ただ、自分がそれを誤って使用していることを認識しましょう。否定的な自己に自分の存在性を依存させることは、実質的な利益が全くない行為です。単にそれに慣れているだけで、親や友人から受けた影響と学習によってそうしているということを明確に理解しましょう。

できることなら私の存在性とアイデンティティを「肯定的な自己」に依存するように変えていこう。一度にできないかもしれないが、決して難しいことではない。否定的な自己に依存してきたのも、結局は自分自身の選択だったのではないだろうか。今回は単にその「依存対象」を変えるだけでいいのだ。必要な努力と訓練、適切な方法を見つけて、真摯に取り組めば必ず変わることができる。

ここからさらに一歩前進しよう。私の存在性とアイデンティティは、肯定的な自己にも否定的な自己にも依存する必要がないことを自覚しよう。依存を道具として利用するなら、できれば否定的な自己よりも肯定的な自己に頼り、同時に肯定的な自己への依存も絶対的ではないことを常に意識しましょう。私の存在性とアイデンティティは、何に依存しようとも、本来固有で堂々としており、完全なものであることを常に認識しましょう。

Summary

　自己嫌悪の隠されたメカニズムのひとつは、「否定的な自我」に依存することです。人々はしばしば自分の存在感を確認するために否定的な自我に依存しています。これは不安と苦痛を引き起こしますが、馴染みがあり安全に感じられるのです。解決策は肯定的な自我へ転換することではなく、どんな対象にも依存せず、自分の存在が本質的に固有で価値があるということを認識することにあります。依存は道具としてのみ使用し、自分の存在感がどんな対象にも依存していないということを悟らなければなりません。

1.5　自傷行為によって他者からの嫌悪を先回りして防御する

：防御戦略としての自己嫌悪についての誤解

　稀ではありますが、外部からの嫌悪や非難を防ぐために自己嫌悪が動員されるケースもあります。もしかしたら存在するかもしれない他者の嫌悪と憎しみを事前に防御することなのです。

　どのように自傷行為が他者の嫌悪を事前に防御するというのでしょうか？ここには一種の心理戦略的な錯誤があります。つまり、そうすることで実際には防御されるわけではないのに、そう信じているのです。あるいは、そうなることを願っているのです。

　順を追って見ていきましょう。もし私たちが何か間違ったことをした時に取るべき望ましい行動は何でしょうか？まず間違いを認めて自己反省をするか、相手に謝罪するか、許しを求めることです。例えば、子どもが何か間違ったことをして、親がそれを知ることになったと仮定してみましょう。そのとき、子どもが先に過ちを告白して許しを求めれば、特別な場合でない限り、親は子どもを立派だと思い、簡単に注意を与えて許してあげるでしょう。

　自分に対する憎しみの心理にも、このような機制が現れることがあります。つまり、何か自分が足りなくて、不十分で、不満足だと感じるのです。これを他者たちも知っているか、知ることになりそうだと思います（これはしばしば過度な心配です）。 彼らの否定的な反応に私は耐えられない。そのような状況が発生すること自体を許容できない。だから彼らが気づく前に、私が自分自身を叱りつけるのだ。まるで子どもが先に過ちを認めて反省するかのように。もちろん自己嫌悪においては、このプロセスはかなり無意識的に起こる。

　問題は、他の自己嫌悪の機制と同様に、これもまた「効果のない戦略」だということである。行動する自分は効果を期待するが、実際にはそうではないのだ。確かに、このような方法が効果のないことを明確に理解している人は、そもそも予期的自己嫌悪に陥ることもないだろう。しかし無意識的にその効果を信じている限り、苦しみながらも自動的にこのパターンを繰り返してしまうのである。

　予期的自己嫌悪が生じるもう一つの機制もある。一種の「自己鍛錬」と言えるもので、他者が自分を嫌う前に、自ら先に自分自身を嫌うことで予め心を鍛えようとするのである（もちろん、この「鍛錬」は歪んだ錯覚であり、無意識的な側面を持っている）。 だから後に他者が実際に私を嫌うようになったとしても、すでに自分で自分を嫌っているため、そのショックは軽減されるのです。俗に言えば「すでに捨てた身、すでに諦めた身」といったところでしょうか。自分自身ですでに自分を嫌っているので、他者からの嫌悪は当然のことか、大したことではなくなります。「あなたたちがそうなるだろうとすでに分かっていた」というような感覚です。

　このような現象が起こりうる理由は、私が自分自身を対象化するからです。つまり、私も私自身にとって他者になるのです。自己客体化自体には何の問題もありません。さらに、これを健康的に上手く活用すればするほど、自分自身と他者にとって有益となる。しかし予期的自己嫌悪は、対象化しつつも「誤った扱い方」をすることである。私たちが他者を誤って扱うように、自分自身を誤って扱うことなのである。

　これもまた誤った戦略である。他者が私を嫌うだろうという予想自体が、多くの場合幻想に過ぎない。あるいは過去の心理的トラウマから生じた妄想である可能性もある。これを前提に自分自身をまず嫌うことは、「幻想に備えるための幻想」を作り出すことになる。また、私が先に自分を憎むことは、実質的には何の予防効果もありません。つまり、私に対する相手の憎しみには何の影響も与えないということです。むしろ、私に対する嫌悪や憎しみをより大きくするだけです。自分自身さえ憎む人を好意的に見る人は誰もいません。

Summary

　自己嫌悪は時として他者の憎悪や批判から自分を守る手段として使われます。これは他者の否定的反応を予め防いだり、自己訓練の形として現れたりします。しかし、これは効果のない戦略なのです。ほとんどの場合、他者からの憎しみに対する予測は妄想か、過去の心理的トラウマの結果に過ぎません。自己嫌悪は実際に他者の憎しみや非難を防ぐことができず、むしろそれらをさらに増幅させてしまう可能性があります。

1.6　「現実正当化」という心理的麻酔剤
：一時的で表面的な心理的慰め vs. 実質的で有用な変化

　自己嫌悪の隠れた心理の六つ目である「現実正当化」は、「体制正当化」という既存の理論を個人に適用して作り出した概念です。「体制正当化」は少し説明が必要な概念です。アメリカの政治心理学者であるジョン・ジョストと彼の研究チームが行った一連の研究で確立された理論です。アダム・グラントが著した『オリジナルズ』に関連内容が紹介されていますが、要約すると次のようになります。

　「彼の調査では、経済的不平等を受け入れる傾向が、ヨーロッパ系アメリカ人よりも相対的に貧しいアフリカ系アメリカ人においてより高く現れたといいます。また、最高所得層よりも最低所得層に属する人々のほうが、経済的不平等を仕方がないものとして受け入れる確率がはるかに高かったという。言論の自由を放棄すると答えた数も二倍多かった。社会的弱者層が自分たちに不利な社会的現状維持をより支持するという現象だった。研究チームの結論は次のようなものだった。「与えられた状況で最も苦しんでいる人々が、それに疑問を呈し、拒否し、変えようとする可能性が最も低いという矛盾した結果が出た。」
　この現象を通じてジョストと研究チームが確立した理論が「体制正当化理論」でした。核心的な概念は「人々は現状維持を正当なものとして合理化するよう動機づけられる」というものです。そのような合理化が自分自身や自分の属する集団の利益に反するとしてもです。
　既存の体制を自ら正当化することは心理的苦痛を緩和する効果があるからです。いわば、感情的・心理的な鎮痛剤のようなものなのです。不満を抱くことは無意味であり、むしろ自分自身をより苦しめることになるのです。しかし、このようになると不義に立ち向かう正当な怒りを失い、世界を変える創造的な意志を奪われてしまう。

　「体制正当化」とは、個人が社会に対して持つ一種の防御心理なのである。要約内容の最後の部分には「感情的、心理的鎮痛剤」という表現が見られる。この部分が核心となるだろう。社会的弱者であればあるほど、その社会体制と構造の犠牲者であるため、それを変えることが自分の利益につながるのである。しかし、変化を生み出すことは容易ではないと考えてしまうのです。そのため、むしろ「世界は今のままで正当である」と自ら思い込むようになるのです。そうすることで、一時的な心理的安らぎを得て、苦痛を緩和しているのです。ある意味では、これは極めて実用的な対処法とも言えます。現実は少しも改善せず、苦痛はむしろ深刻化しているにもかかわらずです。だからこそ、これを「鎮痛剤」と表現するのです。

　私たちがよく知るイソップ寓話の「酸っぱい葡萄」の話にも似ています。高く吊るされたブドウの房を見つけたキツネが何度も高くジャンプしてみるが、結局取って食べることができない。すると、キツネは立ち去りながら「あのブドウはどうせ酸っぱくて食べられないのだろう」と言う。

　これが自己嫌悪の心理とどのように繋がるのだろうか？自己嫌悪においては、「システム」が自分自身、そして自分が属する現実と状況となる。実際には自分がそれほど不足していなかったり、不安や不満足を感じる必要がないかもしれないが、自分自身ではそう感じてしまうのである。

　本当に自分が不足していると感じるならば、その部分を埋めていけばよいのです。これが最も賢明な、あるいは健康的で適切な対応なのです。人間の感覚や感情には本来「不足」や「不満足」というものは存在しません。ドライで客観的な「測定」があるだけなのです。喉が渇いたら、それは「体に水分が不足している」と測定されたことであり、水を飲めば解決します。寒ければ、それは「体温が低い」ということが測定されたのであり、体を温めれば解決するのです。

　何かが測定されれば、それを基に満たしたり変えたりしていけばよいのです。それが測定の本来の機能であり目的なのです。まるで社会的弱者が自分の状況を改善するために積極的に政党に加入し、自分たちのために働いてくれる政党と政治家を支援して投票したり、その他の社会運動をすることに似ています。

　自己嫌悪では「個人的な体制正当化」が起こります。これは「現実正当化」なのです。つまり変化を起こすことは難しく、かといってその状態の自分をそのままにしておくのもまた苦しいため、「この不十分で不満足な状態が本来の私の姿なのだ」と考えるのです。「自然であり正当である」という自己合理化によって麻痺させてしまうのです。その結果、心の苦痛が和らいだかのような錯覚に陥ります。

　まるで体制正当化をする人々が既存の不平等で不合理な社会体制を正当だと考えるように、自分の中の劣った姿、不足している姿が当然だと思い込むのです。それによって自己嫌悪はさらに強化されていきます。心は一時的に楽になるかもしれませんが、これは決して本質的な解決にはなりません。自分の健康的な人生を築き、変化をもたらす心の力を失ってしまうのです。

　誤ったプロセスを止めなければなりません。ダメな姿、不足している姿が実際の自分ではないこともありますが、たとえそう感じたとしても、それは「そのまま受け入れるべき何か」では決してないのです。それはひとつの「測定」であり、私たちはその測定に基づいて何をすべきか決定することができるのです。

　表面的あるいは一時的な心理的慰めを得るのか、あるいは実際的で有用な本当の変化を生み出すのか、選択しなければなりません。そのような偽りの慰めを選ばないだけでよいのです。そうするだけでも、私たちは自然と実際の変化を生み出す方向へと進むことになるでしょう。

　自己嫌悪に隠された様々な心理を洞察し、気づくことによって、私たちはそこから抜け出すことができます。それを止めることができるのです。そして、不必要に自分自身を嫌ったり、ダメだと思ったり、不足していると感じたりする誤りを止めることができます。そして本来私たちの中にある内面の力が現れ、その力を基盤にして私たちの人生は自ずと変わっていくのです。ありのままの自分として堂々と素晴らしい人生を生きられるようになります。

Summary

「現実正当化」は自己嫌悪の一形態であり、個人が自分の不足や不満足な状態を正当化する心理的防衛機制です。これは一時的な心理的安らぎを提供しますが、実際の変化を妨げてしまいます。これは社会的弱者が不公正なシステムを正当化する「システム正当化」と類似しています。真の解決策はこのような偽りの慰めを拒否し、客観的な評価を通じて実質的で有用な変化を生み出すことにあります。これにより、私たちは不必要な自己嫌悪から解放され、本来の尊厳と価値を取り戻すことができるのです。

1.7 過ちには常に「スケープゴート」が必要である
：左脳の強迫 – 左脳が継続的に「偽りの理由」を探し続ける理由

　何かが起きた時、人間は「本当の理由」を探すよりも、習慣的に誤った原因や理由を見つけ出してしまいます。この強迫は意識的というよりも無意識的なものであるため、私たちはそれを十分に認識できないのです。

　問題は、私たちが物事の誤った原因として、あまりにも頻繁に「自分の過ち」を持ち出してしまうことです。もちろん、常に「自分のせい」にするわけではありません。時には他人のせいにしたり、環境のせいにしたりします。時には運命を恨むこともあるのです。それにもかかわらず、私たちの関心事は主に「自分自身」であるため、間違いの原因や理由も「自分」に多く求めてしまいます。これは習慣的なものです。自己嫌悪感と罪悪感は無意識的に生じるため、適切に対応することがより困難になります。

　不必要な自責は自己嫌悪と自己否定を育てるだけです。正確な自己反省と洞察も妨げます。これをやめようということなのです。単に「やめよう」と言うだけでは自然に止まるわけではありません。根本的な原因がそのまま残っているからです。

　脳科学では、自分を責める根本的な原因として「左脳の強迫」を指摘しています。どうにかして理由を作り出さなければ安心できない左脳の本能的な「理由充足欲求」のために、自己否定という副作用が生じてしまうのです。

　イギリスのBBC2では2000年7月から8月にかけて6部作のドキュメンタリー『ブレイン・ストーリー（Brain Story）』を放映しました。以下の話は、第6部「最後の謎（The final Mystery）」編に登場した実験についてのものです。（インターネットで「左脳の欺瞞」と検索すると、関連する話を見つけることができます。）

　映像の後半には、手術で左右の脳をつなぐ脳梁を切断した「ジョー」

という人物の話が登場します。現在では行われていない手術ですが、かつてはてんかんなどの治療法として脳梁を切断することもありました。これは、一方の脳で発生したてんかん発作がもう一方の脳に伝わらないようにするためだったとされています。

　その場面では、ジョーを対象に簡単な実験が行われました。ジョーの右目に単語をひとつ見せて、それが何か言ってみるよう指示する。右目を通して入った情報は言語を担当する左脳に伝達され、左脳には言語領域があるため、ジョーは単語を見るたびに正確に答えることができる。しかし左目に単語を見せると、ジョーは答えることができない。左目を通した情報は右脳に行くが、脳梁が切断されているため、右脳から左脳へ情報が伝達されず、自分が見たものを言語的に再解釈できないのである。代わりにジョーに自分が見た単語を絵で描いてみるよう頼むと、彼は正確に描いた。左脳では言語的に解釈できなかっただけで、右脳では見たものが何であるかを非言語的に認識していたのである。

　実験の核心は次の場面にある。ジョーに「なぜその絵を描いたのか？」と尋ねると、彼は自分なりの適当な理由を述べるのだ。例えば、左目で'house'という単語を見た後、ジョーは家の絵を描くのだが、なぜそれを描いたのかと問うと「最近、引っ越し先の家を探しているから」というように答える。この場合の正直で正確な答えは「ただ描いただけ」あるいは「分からない」です。それにもかかわらず、ジョーの左脳は強迫的に理由を作り出しているのです。

　脳梁が切断された患者たちは、皆このような反応を示すといわれています。つまり左目を通って入った視覚情報が右脳に留まりながら（その対象が何であるかを非言語的には認識したが言語的には認識されていない状態）、「右脳が見たもの」を描くのです。その絵を描いた理由について「分からない」と答えるべきなのに、何も知らない左脳が出てきて「偽りの理由」を作り出して答えてしまうのです。ここから「左脳の欺瞞」という用語が生まれました。

　私たちの脳（特に左脳）は、自分が何かを行動したり選択したりす

ると、必ずそうした固有の根拠や理由、原因を探し出そうとする強迫
観念があります。

　上記の実験を基に推論してみましょう。もしかすると、私たちの左
脳が見つけ出したものは、真の原因や理由ではないかもしれないので
す。「本当の理由」を述べるのではなく、「最も説得力のある答えを
作り出すこと」が左脳の機制だからです。

　そのうちのひとつが、まさに不必要な自己嫌悪感と罪悪感です。た
とえどれほど私のミスや過ちがあったとしても、私がどうすることも
できない環境的要素、見えない原因、抗えない流れはいくらでも存在
します。私たちの脳は、まるで脳梁が切断されると左脳が右脳で見た
「何か」を伝達されず認識できなくなるように、そのような要素をう
まく見ることができないことがあります。そうすると「わからない」
「なんとなく」と言うべきなのに、そうせずに、もっともらしいけれ
ど間違った理由（自己嫌悪感、罪悪感）を作り出し、自分でそれを信
じてしまうのです。これは一種の無意識的な習慣であり、頑固さであ
り、反応なのです。

　自己嫌悪は、その自責と罪悪感の理由として「自分の過ち」を思い
浮かべます。自分が最もよく知っているもの、自分に最も近いものが
「自分自身」だからです。見つけるものがたくさんあります。自分が自
分をスケープゴートにしているといえるでしょう。時には自分よりも
弱い人を責めることもあります。この場合は、他者を左脳のスケープゴ
ートにしているのです。自分であれ他者であれ、スケープゴートにす
る機制は同じです。どちらも醜い行為であるという点で特に同じなの
です。

-　　　多くの出来事は私の過ちによるものではなく、「ただ」起こ
るものなのです

　私たちが「私の過ち、私のミス、私の無能さ、私の誤り」と思って
いる多くの部分は、実際にはそうではありません。実際に私の過ちで

ある部分があれば、それから目をそらしたり避けたりせず、客観的に把握して再び繰り返されないようにしましょう。意外と多くの出来事は「ただ」起こるものです。つまり「私の過ち」ではないのです。私たちはその「ただ」に気づいて受け入れるだけでよいのです。合っていない理由や根拠を無理に作り出さずにです。

　例を挙げてみましょう。暗い道を歩いていて石につまずいて転んでしまいました。その理由は、あいにく「ただ」そこに石があったからです。「私の過ち」ではないのです。誰であっても、その暗い区間を通りながらその石につまずけば、どうしようもなく転んでしまうでしょう。あるいは、バスに乗ったところ、後ろの席に座っている人がひどく咳をしていました。結局、私に風邪がうつってしまいました。これも「私の過ち」ではないのです。「単に」風邪をひいた人が近くにいたからなのだ。見知らぬ遠い村を歩いていると、突然茂みから狂犬が飛び出して私の足を噛んだ。この場合も「私の過ち」ではない。調べてみると、その地域を歩いていた多くの人々が噛まれていたという。

　私たちが経験する日常的あるいは複雑な出来事も、厳密に見れば、つまずいた石ころ、風邪、狂犬とさほど変わらないケースが多い。私たちは「存在しない自分の過ち」を作り出し、自責と罪悪感に自ら陥り、もがき苦しむことがある。

　もしかすると「左脳の強迫観念」に苦しめられ、騙されてきた部分があるなら、これからはそれに気づき、その意味のない内的独白を止めましょう。過ちでもないのに自分を責め、苦しめるのはやめましょう。これがより堂々と胸を張って存在する方法なのです。

Summary

　「左脳の強迫」とは、私たちが失敗や問題の原因を探す際に、しばしば自分自身を非難してしまう心理的メカニズムです。これは脳の左半球が理解可能な理由を見つけようとする本能的欲求に起因しています。しかし、このメカニズムはしばしば不正確で不必要な自己非難につながります。多くの状況が単に「ただ起きたこと」であるにもかかわらず、私たちはよく自分自身に過ちを見出してしまいます。このような習慣を認識し断ち切ることによって、私たちはより自信を持ち、尊厳のある人生を送ることができるのです。

1.8　私も自分自身に対して公平に接するべき他者である
：私たちの多くは自分自身を他者よりも厳しく扱っています

　私たちの意識の基本的な機能として「対象化」と「同一視」があります。私が認識の主体となり、私以外のすべてのものを「認識の対象（客体）」とみなすことが対象化です。つまり「主体-客体」を設定する機能といえます。同一視とは、対象化された客体を再び自分だと捉えたり、自分の一部として認識する機能です。

　前回の文章では、この対象化機能を誤用し、無意識的に「優れた自分」と「劣った自分」を分離して対象として設定するという誤りを犯し、そのうち「優れた自分」を「本当の自分」として同一視することで、同じく自己の一部である「劣った自分」を軽蔑し嫌悪するという自己嫌悪のプロセスについて説明しました。この過程全体を洞察することによって、私たちは不必要な自己嫌悪から解放されることができるのです。

　対象化と同一視そのものが悪いわけではありません。それは生存の効率性のための意識の基本的な機能に過ぎないのです。したがって、その構造と機制に気づき、認識することはできても、それを取り除くことはできません。いや、取り除く必要もないのです。私たちはただそれをうまく活用すればよいのです。

　「優れた自分」と「劣った自分」の分離と対象化は誤りですが、自分自身を対象として感じ、扱うことは自然なプロセスです。私たちは誰でも「自分自身を感じることができる」のです。つまり、自分を対象として認識することができるのです。特別な自覚や作業も必要なく、ただ自然に今も行われているのです。

　普段はこの構造に気づきません。ただ「私は私」であり、それで終わりなのです。しかし少し注意して観察すれば、私もまた私自身にとっては他者と同じひとつの対象であり、自分自身も日常の中でそのように扱っていることがわかります。

　これからは「私にとって他者となる対象としての私」を毎瞬間もっと鮮明に認識してみましょう。無理に分離感や分裂感を感じる必要はありません。頑張ったり努力したりすることでもないのです。ほんの少し前まで自動的に無意識に行っていた意識のひとつの機能を鮮明に再認識してみることなのです。

　私が愛し、好き、誇りに思い、憎み、嫌い、失望し、無関心になる「私」も私にとってはもうひとつの対象であり他者なのですから、これからはよく気にかけて公平に扱いましょう。しかも他人でもなく自分自身ではありませんか？他者にも良く接するのに、自分自身にはもっと良く接するべきではないでしょうか？

　実際、私たちのほとんどは「自分自身」を他者よりも酷く扱っているのです。何か間違ったことをした時、他の人には寛容なのに、自分だけには特に厳しく、全く許すことがありません。そして、自分がうまくやっても、なかなか自分を褒めたり励ましたりすることができないのです。

　もし私が自分に対するように誰かを扱ったらどうなるか、一度想像してみましょう。少しでも間違えれば、叱責と軽蔑、そして攻撃が終わりなく続くことでしょう。得意なことがあっても、認めることや褒めることにかなり吝嗇でしょう。その人は精神的に追い詰められてしまうのではないでしょうか？もし親が子どもをそのように育てたとしたら？想像するだけでも恐ろしいことです。

　世の中には反対のケースも多く存在します。他者に対して無礼に振る舞いながら、自分に対してだけ寛容な人も多いです。しかし、これは外側から見た姿に過ぎません。実は、そのように生きている人たちも、内心を詳しく観察してみると、決して健康な心理状態で自分に満足していたり、精神的な余裕があったりするわけではないことがわかります。真に自分に満足し、自分を大切にする人であれば、他者にも無遠慮に接することはないだろう。彼が自分に寛大に見えるのは、一種の意識的な回避であり、麻痺だと見なすべきである。（彼らの自己尊重もまた歪んだものである。彼らには「他者」が存在しないからだ。

他者のない自己は病的な自己である。）

　これからは、自分が大切にし愛する人を優しく扱うように、自分自身にも優しく接しよう。ある程度守るべきことは守り、厳しくあるべきことには厳しくあるべきだが、あまりにも厳しく自分を責めないようにしよう。あまりに冷淡にならず、過度に厳格にならず、客観的な視点だけで自分と向き合わないようにしましょう。叱るときでも状況や場合、環境をよく考慮し、褒めるときは意識的に二倍、三倍の支持を示しながら接していきましょう。

　うまくいかないですって？最初からうまくいくことの方がむしろ異常なのです。これまでの行動パターンとは逆のことをするわけですから、既存の慣性を克服し、方向転換できるまで着実に、そして勇気をもって続けていく必要があります。そうすれば、ある瞬間から閾値を超え、自然になっていくのを感じるでしょう。

　「そうだね、私が間違っていた。間違ったのは確かだ。
　でも、あなたも精一杯頑張ったじゃないか。それは私もよく分かっている。
　たとえ結果は良くなくても、それはそれとして責任を取り、
　今回の失敗とは別に、次の挑戦にもまた最善を尽くそう。
　私はあなたを信じているよ。」
　「すごい、こんなに上手にできるなんて。さすがだね！
　この部分は誰が見ても本当に優れているよ。
　私だったら、そこまでできなかったと思います。
　本当にあなたが誇らしいです。
　お疲れ様でした、今回も。

　このような言葉以外にも、自分のために、自分に掛けてあげられる言葉はたくさんあるでしょう。よく考えておいて、必要な時には惜しみなく使いましょう。一度きりの人生の旅路で、自分のために惜しむものなどないのではないでしょうか。

Summary

　私たちはしばしば自分を他人よりも厳しく扱ってしまいます。これは意識の「客体化」と「同一視」機能の誤用から生じています。私たちは自分自身を客体として認識し、時には厳しく接してしまいます。しかし、私たちは自分を大切な人のように公平で優しく扱うべきなのです。失敗したときには理解し、成功したときにはより多く褒めるなど、自分に対して肯定的な態度をとるべきです。

1.9 「それでもなお埋没しない」という魔法の呪文
：無意識は意識に変えることができる

　ある条件や状況に置かれると、通常私たちはそれを基に感情的な反応を決定します。例えば「私はお金があまりないので萎縮感を感じる」というような具合です。あるいは「私には能力がないから無力感を感じる」という表現でもよいでしょう。しかし本質的には「私の現実や状況がどうであるか」ということと「私がどう感じるか」ということには直接的な関係性はありません。本人が意図的に結びつけない限りは。

　「私の状況」に対する「私の感情」は学習された結びつきなのです。本来そう感じなければならないからではなく、過去から社会的あるいは個人的に「そう感じるように」学習されたものなのです。

　この悪循環を断ち切ることはできないのでしょうか？

　もちろんできます。視点によって様々なアプローチや方法論が可能です。

　その中の一つの方法を提案したいと思います。自分の状況や現実に合わせて次の文章の空欄を埋め、完成した文章を宣言するように声に出してみましょう。

　「私は〜ではあるけれど、あえて〜に囚われません。
　そして、私がする必要があることは自由に全て行います。」

　声に出して言っても良いですし、心の中で唱えても構いません。どのような形であれ、断固とした確信に満ちた心で、何度も繰り返し言いましょう。現実で実際にそうなるかどうかは、ひとまず置いておきましょう。「実際にはそうではないのに…」という気持ちは単なる障害物です。まるですでに実現した現実であるかのように、あるいはすでにその状態であるかのように自分自身で感じながら行うのです。もちろん、そうしたからといって、すぐに私たちの心理が変わるわけではありません。しかし、時間をかけて決意を繰り返すほど、その効果は明らかになります。以下にいくつかの例文を示します。

　「私は背が低く体格も見栄えがしないが、あえて萎縮感に埋もれることはない。」
　「そして、私がする必要があることは自由にすべて行う。」

　「私は知識が少なくても、あえて無知だという心理的な萎縮感に埋もれることはない。」
　「そして、私がする必要があることは自由にすべて行う。」

　「私はお金がなくても、あえて不足感や貧困感に埋もれることはない。」
　「そして、私がする必要があることは自由にすべて行う。」

　「私は人とうまく交流できなくても、あえて疎外感や孤独感といったものに埋もれることはない。」
　「そして、私がする必要があることは自由にすべて行う。」

　私は才能や能力、条件が不足しているとはいえ、あえて自己卑下や羨望に埋没することはしません。
　「そして、私がする必要があることは自由にすべて行う。」

　私は個人、集団、状況が本当に気に入らなくても、あえて怒りの感情に埋没することはしません。
　「そして、私がする必要があることは自由にすべて行う。」

　私は社会の混乱が鮮明に見えても、あえて個人的・集団的な敗北感などに埋没することはしません。

「そして、私がする必要があることは自由にすべて行う。」

　私はどんな分野であれ、自分が取り組んでいる領域で「まだ足りな
い」と感じたとしても、あえて不足感、萎縮感、限界感などに埋没す
ることはしません。
　そして、私がする必要があることは自由に全て行います。」

　さあ、今から自分の状況に合った文章を作って実際に宣言してみま
しょう。次のことを心に留めながら。

　「無意識は意識に変えることができる！」

Summary

　私たちの感情反応は主に状況によって決まりますが、これは単に学習された
連結に過ぎません。この連結を断ち切るために、「〜にもかかわらず、私は意
図的に〜に執着しません。そして私はすべきことを自由に行います」という文
章を使うことができます。この宣言を繰り返すことで、私たちは状況と感情反
応の間の連結を再構築することができるのです。継続的な実践を通じて私たち
の無意識を変化させることができます。

第2章　自己嫌悪はどのように他者への嫌悪へと変わるのか

2.1 果たして憎む価値があるのだろうか

：彼らは本当に私の感情エネルギーを受ける価値があるのでしょうか？

　自己嫌悪とは別に、私たちには他者に対する憎しみも重要な悩みの種です。本当に堂々と立ち向かって戦うべき場合、あるいは相手が何かを改めるべき場合、または何かを決着つけるべき状況であれば、当然そうすべきです。相手と状況に対する正当な措置が必要なら全力を尽くすべきです。すべての考えを表現し、必要な言葉を述べ、適切な行動を取りましょう。しかし、そうでない場合が問題なのです。不必要に他者を憎んでいるならば、別の対処法が必要です。

　日常で誰かを継続的に憎み、そのような憎しみによって心がさらに苦しくなるならば、自分自身の幸福のために一度真剣に考えるべきことがあります。

　その人は本当に私の憎しみを受け続ける価値があるのでしょうか？誰かを憎むようになると（相手に憎しみを表現するかしないかに関わらず）、その瞬間から私はその人を憎み続けることが正当で意味のある行為だと感じるようになります。

　実際、誰かを憎むということは復讐でもなく、自分が望む効果を生み出す方法でもありません。

　誰かを憎むということは、自分の人生のエネルギーをその人のために消耗しているということです。憎しみもまた関心の一形態なのです。関心とは、自分の身体と心のエネルギーを注ぎ込む行為です。愛し、大切にしている人や物事に与えるエネルギーさえ十分でないのに、なぜ価値のない相手に自分の関心と人生のエネルギーを与えなければならないのでしょうか。

　自分自身のために、真剣にこの問いと向き合うべきです。

その人が私の憎しみを受ける価値が本当にあるのだろうか？

私の関心を向ける価値があるのだろうか？

私の人生のエネルギーを彼に継続して与え続けることに意味があるのだろうか？

もしその価値があるのなら、憎み続ければよい。自分自身がその人に価値があると思っているのに、誰がそれを止められようか。しかしその価値がないことが明らかになれば、彼に注ぐ関心やエネルギーを止めるべきだ。つまり「無関心」に「無心」になりなさいということだ。犬に骨を投げるように、最後に一度皮肉を投げつけて、それで終わりにするのだ。

誰のためでもなく、自分のために、自分の人生のために。

うんこがどれほど嫌いでも、ただ「うんこが嫌い、うんこが嫌い！」と言い続けて座っているわけにはいきません。うんこのことは考えるのをやめて、むしろ花のことを考えましょう。自分が考え、注目すべき本当の対象にもっと関心を向けましょう。それの方がずっと有益です。

Summary

他者への憎しみは自分自身を傷つけるものです。誰かを常に憎んでいるなら、その人が本当に憎む価値があるのか、自問してみるべきです。憎しみはエネルギーと注意力を消費する行為です。その人が本当にあなたの人生のエネルギーを注ぐ価値があるのか考えてみましょう。もしそうでなければ、無関心で超然としていることが良いでしょう。代わりに真に価値のあるものや人々により多くの関心を向けることがより有益です。

2.2 投影、それは「内なる影」でも悪魔性でもない

：誰かを羨ましく思いますか？あなたはその人より優れていると信じています

「人々があなたを拒絶していると感じますか？」
実は、あなたが彼らと関わりたくないのです。

誰かがあなたに罪悪感を抱かせていると感じますか？
実は、あなたがその要求を受け入れたくないのです。

すべての人があなたを見ていると感じますか？
実は、あなたが過度に他者に関心を持ちすぎているのです。

人々があなたを傷つけようとしていると感じますか？
実は、あなたが彼らに怒りや敵意を抱いているのです。

何かできないと感じていますか？
実はやりたくないのです。

人々の「何」が原因で彼らを軽蔑するのでしょうか？
実はあなたの内側にある「何か」が嫌いなのです。

誰を羨ましく思いますか？
実はあなたがその人より優れていると思っているのです。

なぜ私たち人間はこれほど執拗にお互いを否定的に見て、憎み、羨み、悪魔化してしまうのでしょうか？
前述した内容はすべて心理的防衛機制の一つである「投影（projection）」現象と関連しています。各文章の前半部分は外部対象へ

の投影であり、後半部分はその投影の本来の姿である私の中の「影」です。

「投影」についての一般的な説明は次のとおりです。「自分に内在しているが受け入れられないものを、他者の特性として押し付けてしまう心理的防衛機制。つまり、自分の心理的属性が他者にあるかのように考え、行動すること。」

自分の内面にある受け入れがたい、あるいは衝撃的、または当惑させられる思考、感情、衝動などを他者のものとして帰属させることです。例えば、自分が怒っていることを意識せず、相手が怒っていると思うことも一種の投影です。もちろん、相手が実際に怒っている場合もあります。あるいはそうでない場合もあります。少し怒っている場合もあれば、とても怒っている場合もあります。その判断は最大限客観的かつ総合的に行わなければなりません。ただし、投影現象を理解するということは、これらすべての可能性を考慮すると同時に、外部の対象と関係なく「自分の中にある心理構造と原因」に集中するという意味です。

否定的投影を解決する第一の鍵は、投影の根本原因である私たちの内面の「影」の問題を解決することです。

ここでは「影化」を「悪魔化」と呼んでみましょう。投影現象が否定的に行われる理由は、次のように分析できます。まず自己内部のある側面をある種の「悪魔性」として感じ、それを外部の対象へと投影します。つまり相手を悪魔化するのです。

● 　第一の錯覚：自己内部のある側面をまず「悪魔性」として感じること（これは自己嫌悪の機制と直結します）

● 　第二の錯覚：作り出された悪魔性を外部の対象に投影すること。

つまり、自分の中の「影」を感じながらも、同時にそれをまだ自分のものとして自然に受け入れることも認めることもできないのである。

　自分の中に厳然と存在しているが、その存在という事実を認めることができず、そのため外部の対象にそれを押し付けてしまうのである。

　ならば、投影を止めることもこの二つの点を基に考えることができるのではないだろうか。

　第一に、自分の内なる影の側面を否定性あるいは悪魔性として感じる誤りを止めることです。

　一言で言えば「あるがまま」に認識し受け入れることです。それはただ内在する存在の一側面であり、特性に過ぎないのです。健康的に「あるがまま」を見ることが正常化であり、癒しなのです。

　これは私たちのテーマである「自己嫌悪」の心理を解決する主要なプロセスでもあります。私たちが持つ本能的側面、欲求、性格と特性、欲望は、生きている生命体として当然持ち合わせているものなのです。それにもかかわらず、幼少期の大人たちの指摘や叱責、成長過程で経験する他者や社会からの抑圧や圧力、そして自ら生み出す自己抑制機制によって、私たちは「自己禁忌」を持つようになるのです。

　「すでに存在するもの」は、存在しないと思い込んでも消えることはありません。そもそもそれは不可能なことなのです。私たちはその不可能に挑み、そして絶望します。この絶望が自己嫌悪へとつながるのです。

　例えば、私たちが感じる欲求、怒り、欲望、萎縮、憂鬱、悲しみなどは「否定的」なものではありません。ひとつの生命反応であり、自然な反応なのです。要は、そのような感情をどのように活用あるいは調節していくかということであり、それ自体を否定したり抑圧したり存在しないかのように扱うことではないのです。また、それらの感情に過度に没頭することも解決策ではありません。そのような没入反応は何の肯定的効果ももたらさず、むしろ副作用だけを生み出します。二つの反応はどちらも結局、解決されていない内面の問題を外部の対象に向けて投影する結果を招きます。

　第二に、相手や外部への投影に気づくことが重要です。

　私の内なる影または悪魔性は本来悪魔的なものではなく、また私が感じ認識する相手の否定性と悪魔性もまた「相手の本当の姿や状態」ではないということを洞察することが大切です。ですから、まずは相手に存在しない否定性を私が投影することをやめることから始めるのです。もちろん、相手に否定性が実際に存在する場合もあります。そのような場合でも、相手の本来の否定性よりも過度に感じたり、誇張して捉えたりしないことが重要です。

　例えば、人の否定性が100を最高数値とするなら、現在の相手の状態は本来30程度と把握すべきところを、「自分の内面の投影と相手の悪魔化」が加わることで70〜80と感じてしまうことをやめるべきなのです。このような過度な認識設定により、自分の感情や反応も激しくなってしまい、本来なら冷静に対応し処理できる事柄にも過剰反応したり、大きな衝突を引き起こしたりする可能性があります。結果として、自分も相手も不必要な葛藤による苦痛を味わうことになるのです。

　二つ目の錯覚を止めることも重要ですが、根本的な解決のためには、一つ目の錯覚である「私の内面の悪魔性」についてまず鮮明に洞察し、気づき、察知する必要があります。自分自身を健全に受け入れられなければ、外部も完全に受け入れることはできません。本質的に内部と外部は私たちが考えるほど完全に分離されたものではないからです。

　重要なのは、そもそもそれが「否定的」なものではないということに気づくことです。つまり、私の中の様々な感情、感覚、思考、反応などは、当然存在する理由があって存在する自然なものであり、取り除いたり否定したりすべきものではないのです。欲望、欲求、恐れ、怒り、不安…これらすべては私たち人間がつけた名前に過ぎず、本来のその感情や感覚とは全く関係がないのです。私が感じる様々な欲求や欲望、感情は、自然な「生命の反応と叫び」に過ぎないのです。それが存在し、それを感じることは全く問題ではありません。ただ私がどのようにそれらに上手く対応し、処理するかが核心なのです。感じたり望んだりするままに無条件に全てを行うという意味ではなく、最も賢明な解決方法を見つけて対処することです。

　最初からそれらが「感じてはいけない、思い浮かべてはいけない、存在してはいけない」ものだと断定してしまえば、その後の全ての過程と対応は必然的に誤ったものになります。

　「内なる影」の問題が解決されれば、投影の問題はほぼ解決されます。これは原因と結果で繋がっている現象だからです。自分の中の感情、欲求、情動、思考などを自分自身が十分に受け止め、受け入れ、認め、適切に処理できれば、もはや外部の対象や他者に投げかけるものはなくなります。あるいは、これまでのように外部に投影されたとしても、それが特に問題ではなくなります。このように投影のプロセス自体を気にしなくなれば、投影の有無にかかわらず問題にはならないのです。

　投影を解決するには、外部の対象や他者ではなく、「私」と「私の内部」の問題をまず解決することが望ましいでしょう。「内なる影」の問題の解決です。影を消したり修正したりすることではなく、影が実は影ではないことに気づくことなのです。そのためには、まず自分自身を温かく、余裕をもって受け入れ、包み込めるようになることが大切です。そうすることで、影と誤解されていた部分をついに超越することができるのです。包み込むことができれば、超越することができます。この二つは同一の現象なのです。

　このプロセスが簡単だというわけではありません。私たちには十数年から数十年にわたって積み重ねられてきた過去の習慣があります。精神的、意識的、行動的なパターンが存在しているのです。これに気づいて止め、変えていく作業であるため、ある程度の時間と努力が必要になるでしょう。しかし、だからといってできないことも、成し遂げられないこともありません。「始める」ことがすでに「完成」なのです。途中で止まらず続けていけば、到達点は確実に見えてくるでしょう。

Summary

　投影とは、私たちが自分の受け入れられない特性を他者に帰属させる心理防衛機制です。これは自己の内面にある「影」を悪魔化し、外部へ投影するプロセスを含んでいます。これを解決するためには、まず自分の影の側面を否定的に見ずにありのまま受け入れる必要があります。第二に、他者への投影を認識し、それを止める必要があります。内面の問題を解決すれば、投影の問題も自然と解消されていきます。このプロセスには時間と努力が必要ですが、着実に取り組めば必ず達成できるものです。

2.3 羨望と嫉妬は優越感から生まれる
：優越感と劣等感は同時に生じる

　生きていれば誰でも他人を羨んだり嫉妬したりするものだ。幼い子どもだけの話ではない。どれほど年を重ねても、自分の分野で一家を成した人でさえ避けられない心理である。表面上は平静を装っていても、自分と似た立場の人や優れた人がより注目されたり成功したりすると、誰もが羨望と嫉妬を感じるものだ。

　羨望と嫉妬が肯定的に作用することもあります。多くの場合、「嫉妬は私の力」となり、より一層努力したり頑張ったりするよう促してくれます。しかし最終的には気分を害し、力を失わせてしまいます。羨望と嫉妬は基本的に否定的な心理だからです。

　羨望と嫉妬を止めたいですか？しかし、止めようとしても簡単にできるものではありません。心から羨望と嫉妬から解放されたいのであれば、適切な方法を取る必要があります。

　まず知っておくべきことがあります。

　羨望と嫉妬の本来の感情が優越感であるという事実です。

　投影理論では、羨望と嫉妬の影（本来の原型的感情）を「優越感」と見なします。一見すると奇妙に聞こえるでしょう。誰かを羨んだり嫉妬したりするのは、自分が何か足りないと感じたり、不十分だと思うときであり、これは劣等感と関連があるように思えるからです。それなのに優越感だというのでしょうか？

　羨望と嫉妬を感じるのは、自分自身あるいは自分の状況や条件に満足していない時です。つまり、自分自身に満足できていないのです。あるいは欲求が原因でもあります。相手が持っているものを自分も持ちたいという気持ちがあるからです。

　「自己不足感」や「欲求」はすべて結果であり、原因ではありません。したがって、自己不足感を解決したり欲求を手放したりしても、羨望や嫉妬を止めたり取り除いたりすることはできません。羨望を取り除こうとする努力がほとんど失敗する理由もこれにあります。原因ではなく結果を変えようとするからです。外へ投影（表出）された感情や表現の本当の原因は「影」のように隠されています。実際には隠されているわけでもなく、私たちが気づいていないだけなのです。

　本来の感情と原因に気づいていないと、外部には引き続き的外れなものが投影されます。なぜでしょうか？それは単に「知らない」からなのです。子どもが激しくかんしゃくを起こしているとき、その子の本当の欲求に気づかず、的外れなものばかり与えると、子どもの泣き声が止まないことに似ています。外部の対象へ投影される「羨望と嫉妬」もある意味では、自分が自分に対してかんしゃくを起こしているのです。その瞬間、自分の本当の感情や願望、意図に気づけず、繰り返し的外れなことばかり表現してしまうのです。

　これから羨望と嫉妬の根底にある本来の感情を見極める作業を行っていきましょう。自分が自分を理解してあげることなのです。正しく気づいてあげるほど、投影は徐々に消えていくものです。駄々をこねていた子供が満足感で静かになるように。簡単な作業ではありませんが、必ず成し遂げることができます。

- 優越感と劣等感は共に生じる

　静かに私たちの心を見つめてみましょう。誰かが良いものを持っていたり、良い状況にいることを羨ましく思うとき、私たちの心は普通「あぁ、私も持ちたい」あるいは「私もあのようになりたい」と思います。

　しかし、本当の心の奥底はそうではありません。「（あなたではなく）私こそがそれを持つことができるはずなのに、持つ資格があるはずなのに」ということです。一言で言えば「私こそがそれほど優れているはずなのに」ということになります。

　もし自分自身がかなり不足していて、足りなくて、資格がないと思うなら、それを持ちたいとか、そうなりたいとも思わないでしょう。

いわゆる「越えられない壁」、つまり超えることのできない壁のように感じて、羨望や嫉妬さえ感じない場合があるのではないでしょうか？最初からそんな挑戦する勇気すら持てないのです。

　嫉妬は自分がそれを手に入れる可能性が高いか、あるいはその隔たりがそれほど大きくない時に湧き上がる感情です。一方、羨望はやや遠い存在に対して生じるものと考えられます。人によって違いはありますが、概ねそのような傾向があります。嫉妬は自分の内的な優越感がより強い時に生じ、羨望はそれが弱い時に生じるということになります。

　これからは羨望や妬み、嫉妬を感じたら、自分自身で気づくようにしましょう。「あ、私は今、優越感を感じているのだな」と。「あの人ではなく私があの状態を、あの人を、あのプレゼントを、あの優勝を手に入れる資格があると思っているのだな」と。決して劣等感や欲求ではない。優越感だ。忘れないようにしよう。

　こんな考えが浮かぶかもしれません。「優越感は基本的に私にとって良いものではないか？なぜこれが問題になるのだろう？」

　ここには理由があります。それは優越感と劣等感がペアで発生するからです。

　優越感と劣等感だけではありません。私たちが抱くすべての感情や概念は、対をなして生じます。まるで磁石にN極とS極が同時に存在し、電気に陰極と陽極が同時に存在するようなものです。優越感もまた劣等感と切り離して存在することはできません。

　言い換えれば、「優越感-劣等感」の対は別々に存在するものではなく、「一つの体に宿る二つの極性」といえるでしょう。実際はひとつなのです。現れるときも対で現れ、消えるときも対で消えていくのです。通常は二つのうちひとつだけに注目して感じるため、相手のものは「ない」と勘違いしがちです。しかし、劣等と優越はお互いの影の概念なのです。ひとつが現れるとき、もうひとつは隠れた影になるだけで、同じように作用しています。

　優越感と劣等感が対になって同時に現れるならば、その本体あるいは実体と言えるような「何か」があるはずです。二つの顔を持つ本体のことです。これを明確に見なければ私たちの問題を適切に解決することはできません。何がその本体なのでしょうか？

「優越感-劣等感」のペアの本質は、粘着質な「比較と差別の心」にある。つまり、何かを比較し差別する心があるからこそ、優越と劣等が生まれるのである。比較と差別がなければ、優越と劣等も存在しない。したがって、羨望や嫉妬を感じるときは、その根底に優越感と劣等感があることに気づき、これは自分が比較と差別の心を持つことによって生じるものだと理解すべきである。

比較や差別は当然のことではないでしょうか？人間の中に比較をしない者などいるでしょうか？比較をしなければ、違いも分からないのではないでしょうか？

おっしゃる通りです。ただ一つだけ正しく理解すれば良いのです。優越感と劣等感を引き起こす「比較と差別」もまた本来のものではありません。本来はただの「冷静な測定」なのです。つまり、どちらがより長いか短いか、より重いか軽いか、より明るいか暗いか、より適切か不適切かなどを、感情を交えずに測る行為なのです。このような測定は当然必要であり、正確であればあるほど良いのです。人間が他の動物よりも卓越しているのは、まさにこの測定能力です。

問題は、冷静な測定を絶えずねっとりとした比較や差別で汚染してしまうことです。不必要な「良い/嫌だ」という判断を常に加え、「優越/劣等」の反応を上塗りしてしまうのです。これが深刻になると「執着/嫌悪」にまで発展していきます。もちろん、測定結果に「良い/嫌だ」という感情を付けることは非難されるべきことではありません。むしろそれは自然な反応でもあります。私たちはその反応に従って選択を行うのです。単細胞生物であるアメーバでさえ、底を這いながら避けるべきものがあれば退いて迂回し、良いものがあればそれに近づいて付着します。

問題は、あえて「好き/嫌い」を適用する必要がない時にもそれを適用してしまうことです。あるいは「好き/嫌い」を超越すべき時や、それに縛られる必要がない時にさえ、その感情に捕らわれてしまうことです。

　例えば、相手が私が羨ましく思うような素晴らしいパートナーと交際しているとします。「良い」というのは、すでに価値判断が行われたということを意味します。例えば財力の多寡や顔の美醜などがそれに当たる。ただそれだけのことで終わりなのだ。お金がもう少し多く、顔がもう少し整っているというだけのことだ。相手にそのようなパートナーができただけなのだ。

　それで？それが私と私の人生を決定づけるというのか？明らかにそうではない。それは「彼らのこと」に過ぎないのだ。私がそれを自分のことにしない限り、私とは何の関係性もないのだ。彼らのことを基準に私と私の人生の価値を決める行為は、何の利益ももたらさない。なぜその単純な「測定」を「比較」に変え、優越と劣等に結びつけて、結局は羨望と嫉妬を生み出さなければならないのか？そうする理由は全くない。

　ほとんどの場合、冷静な測定にとどまらず、何かがまとわりついた粘着質な比較と差別の心が生まれてしまう。それが実体となり、陽極と陰極のように優越と劣等が生じるのである。私が感じる優越感は影のように隠れる。「本来なら私があれを享受すべきなのに。」「私が占めるべきなのに」という気持ちを無意識的に隠してしまうのです。最終的に残った羨望と嫉妬が外部の相手に投影されて現れ、そのために私はしきりに気分が悪くなり、力が抜けてしまうのです。投影は一種の「偽物、虚偽の感情」だからです。

　おそらくここまで一緒に進んできたなら、自然と整理されていたことでしょう。羨望と嫉妬を引き続き感じ、活用したいのであれば、そうすればよいのです。しかし、このために心が苦しく、心理的エネルギーを奪われることは、いったいどうすればよいのだろうか？したがって、自分自身を苦しめ、心のエネルギーを奪う投影を止めたいなら、次のように試みてみよう。

　これからは羨望と嫉妬が生じたら、すぐにそれが自分の内なる優越感の投影であることに気づこう。投影は偽りの感情なのだ。つまり実際には、私は羨望や嫉妬を感じているわけではないのである。その本来の感情である優越感を感じ、それに気づくよう心がけよう。

　また、その優越感は不必要な「比較と差別」の一方の極性であることを理解しましょう。最後に、その比較と差別は本来のものではなく、冷静な測定が歪められたものであることを認識しましょう。本来はただの測定に過ぎないのです。測定自体には何の誤りも問題もありません。必要な時に適切に活用すればよいのです。

　「比較して差別する心」の本質が「冷静な測定と判別の心」であることを意識的に理解し、それ以外の不必要なものを付け加えなければ、他者に対する優越感や劣等感も生じないのです。長いものは長いものであり、短いものは短いものであって、優越しているとか劣等しているということではない。そして万が一起こったとしても、もはや気にしないようにしよう。必要な時以外には特に意味がないからだ。優越感、劣等感などがしばらく続けて生じたとしても、必要な分だけ上手く活用し、それ以外は気にかけないようにしよう。

　もう一度整理すると、たとえ起こったとしても、もはやわざわざ取り除いたり否定したり止めようとする必要はなく、ただそれが「優越-劣等」の心理であることに気づくだけでよい。その根底に「ねっとりとした比較と差別」の心があることに気づくこと。そして「比較と差別」を「ドライな測定と判別」として本来の姿で見ること。そうすれば、あっても気にならなくなる。そうすれば、次第に自然と消えていく。このように進んでいくのだ。

　このようなプロセスが簡単だとは言わない。しかし、実践すれば効果のある方法である。羨望と嫉妬から自由になれる、優越感と劣等感の比較を超えることができる確実な方法である。だから、できるようになるまで一緒に取り組んでいこう。途中で障害があっても、諦めたり立ち止まったりしなければ、最終的には目標に到達できます。それが私たちの心の力なのです。やろうという気持ちを steadily 持ち続けるだけなら、それほど難しいことではありません。

Summary

　嫉妬と羨望の根源は、実際のところ優越感にあります。これは比較と差別の「ねっとりとした」心理から生じるものです。優越感と劣等感は常に共に現れ、これは不必要な「比較と差別」から発生するのです。これを解決するためには、嫉妬や羨望を感じる時、それが優越感の投影であることを認識しなければなりません。またこのような感情が単なる「冷淡な測定と判断」から生じていることを理解する必要があります。このように感情の本質を把握すれば、不必要な比較や差別を避け、嫉妬や羨望から解放されることができるのです。

2.4 相手を懲罰することによって自分を免罪する

：影の鏡 - 否定的投影を理解する

　先に述べたように、外部への投影（特に否定的投影）は、自分の内なる影の要素に対する誤解から生じるものです。今回は私たちが捕らわれる「否定的投影」の機制を把握し、どのようにして「健全な投影」へ転換できるかを考察していきましょう。

　例をひとつ挙げてみましょう。ある人が非常に卑怯に見え、私はその卑怯さも嫌いですし、卑怯なその人自身も嫌いです。しかし（その人が実際に卑怯かどうかは別として）、そのような「卑怯さの要素」が自分の内側にあり、私はその要素を認めたり受け入れたりできないため、それを抑圧したり回避したりしているのです。その要素も私の内部の、あるいは人間の正常な一部として厳然と存在するのに、私はそれを認めることができず「影」として抑圧しているのです。

　より重要なのは、それを「臆病さ」と呼んだことは誤解だということです。実際には臆病さではなく単なる「慎重さ」かもしれません。あるいはそれなりの「合理的な反応」かもしれないのです。それにもかかわらず、この存在を認めたり許容できないがために影として抑圧し、回避し、無視してしまうのです。ただ冷静に認めてしまえば何でもないことなのに。

　そのような状態で相手にそのような要素が見えるようであれば、実際その人がどのようであるかに関係なく「あの人は卑怯だ。私はそれが嫌いだ」と感じ、考えてしまうのです。もちろん、その人が実際に卑怯である可能性もあれば、そうでない可能性もあります。ここで重要なのはその人ではなく、私自身と私の内面なのです。

　性的に保守的な人が性的に自由な人に拒否感や嫌悪感を感じるのも、同じ機制によるものです。自分の内面にある「性的自由への追求や欲望」を自ら認めないまま、そのような内的緊張を意識的、無意識的に感じながら生き、それを外部に投影してしまうのです。憎しみや怒り、あるいは嫌悪でその対象を「懲罰」することによって、自分自身を免罪するのです。もちろん、これはあくまでも弥縫策に過ぎず、実際には何も解決されておらず、その後も繰り返し発生します。

　投影は「否定的投影」と「健全な投影」に分けることができます。投影を否定的投影と健全な投影に分ける分類法は既に存在するものであり、絶対的あるいは固有というよりは、有用な方法論程度として認識すれば良いでしょう。この区分だけでも、日常で私たちを苦しめる否定的投影の問題を解決するのに大きな助けとなるでしょう。もちろん、究極的にはどのような投影であれ、その本来の正体を見抜き、根本的に投影そのものから自由になることが目標となるべきです。

　「否定的投影」とは、自分が投影していることに気づかないまま、すべての原因と要素を「外側」に置くことです。その結果、投影に埋没し、他者を責めることになります。また、否定的投影は主に「感情的反応」を伴います。もちろん、すべての感情的反応が否定的投影というわけではありません。健康で正常な感情反応も数多く存在します。それは単なる投影です。一方、否定的投影は相手や外部の本来の状態や姿、意図などを適切に感じ取り把握するのではなく、自己内部の要素によって「歪められた状態、姿、意図」として感じ取り、問題を引き起こします。相手と状況を正確に認識できず、不必要で非効率的な感情、思考、行動の反応をしてしまうのです。

　「健全な投影」とは、自分が外部や対象を感じ取り把握する際に、投影の可能性があることを自覚することです。つまり、外部の対象から何かを見たり感じたりする時に、そこに自分の内側から投影された要素が含まれていることを十分に自覚することなのです。そのため、対象の感情、行動、意図、考えについて、まずは自分の投影に基づいて解釈しますが、同時に「別の可能性」が存在することを常に認識しているのです。つまり、今自分が感じているままではないかもしれないということを能動的に考慮することです。そのため、肯定的な投影は投影に埋没せず、否定的感情の反応が少なくなります。もちろん、健全な投影だからといって感情反応がまったくないわけではありませ

ん。どのような投影であっても、感情反応は自然なものです。健全な
投影は、自分が必要以上に埋没したり巻き込まれたりせず、自分の判
断に不必要な影響を与えない点が異なります。

　ある見方では、投影は他者の感情や行為などをそのまま感じたり真
似したりする「ミラーニューロン」の作動とも関連性があるようだ。
つまり投影は、外部に対する学習や共感能力とも関連するということ
である。そして次の文章で説明する脳の基本的な認識機能である可能
性もある。したがって広い意味での投影現象は、中立的で有用な「道
具」として捉えるべきであり、病的な症状として見る必要はない。た
だし、その機能と構造を最大限に理解し、また上手く活用することが
私たちの務めである。

Summary

　この文章は否定的投影と健全な投影の概念について説明しています。否定的
投影とは自分の影の要素を認識できずに外部へ投影することであり、健全な投
影とは投影の可能性を認識しながら外部世界を理解することです。投影はミラ
ーニューロンと関連している可能性があり、学習と共感能力の基本的な認知機
能として捉えることができます。目標は投影を理解し、それを効果的に活用す
ることです。

2.5 あなたの投影は外部のその対象と何の関係もない
：影を超えて - 投影についての理解を深める

　一般的な投影理論について聞くとき、最も疑問に感じる部分がある。私が嫌いだったり憎んだり嫌悪したりする対象がある時、投影理論ではいきなり「対象に見ているその特性が実は自分の中にあるからだ」と言うのである。これに対して私たちは「そんなことはない。少し強引だ」あるいは「そうかもしれない」と感じることが多いが、どうしても前者の反応が多い。後者の場合でも「確かに少しそういう面はある。だが本当にそれだけなのだろうか？「それだけなのか？」という疑問を拭い去ることはできない。

　このような疑念には、それなりの理由があるのだ。それだけが投影現象のすべてではないかもしれないからである。つまり、部分的な説明に過ぎないということだ。もちろん、一般的な投影、特に否定的投影においては、自分の内なる否定的側面である影に対する否定、そしてそれを外部の対象に投射する機制がかなりの部分で正確である。この過程を意識化することによって、不必要な投影や感情の問題を体験せずに済むようになるのである。

　これとは別に、私たちは今、人間の投影機制をより広い視点で捉える必要があります。つまり、否定的投影だけでなく、投影現象全体を理解することが重要なのです。「内なる影」に対する処理機制としてだけではなく、世界に対する私たちの基本的な認識機制として投影を捉えることが大切です。

　否定的投影も「無条件に」止めたり排除しようとすることは、時に回避や抑制、抑圧につながる恐れがあり、根本的な解決策とはなりません。もちろん、人生と関係性の質を高めるためには、否定的投影から自由になる必要があります。ただし、無条件に回避するのではなく、投影に対する深い理解と洞察を通じて克服していくことが望ましいでしょう。投影現象を鮮明かつ深く理解すればするほど、私たちはその現象をより効果的に活用できるようになります。理解が活用を促進するからです。

　この文章と次の文章では、二つの視点を用いて投影現象に関する既存の限定的な解釈を補完し、拡張していきたいと思います。これは正誤の問題ではありません。ある現象が起きた時、それに対する解釈は多様でありうるからです。重要なのは、どれだけ正確で精密か、そしてどれだけ有用性があるかということです。

　今回の文章では脳科学の研究成果を活用して投影現象を再解釈してみます。核心は、人間の認識機能において「外部から入ってきて認識される情報」と「内部から外部へ投影される情報」が本質的に何の関係性もないという視点です。

- 脳科学的に見る投影現象の一つの理解

　国内でも放送されたイギリスBBC2の6部作ドキュメンタリー『ブレイン・ストーリー』の中の第4編「進歩の原動力（First among Equals）」には、「ケビン」という人の事例が登場します。この事例研究は、私たちが「外部から見るもの」と「心（脳）で認識するもの」が完全に別個のプロセスであり得ることを教えてくれます。

　ケビンは事故に遭い、物体認識障害を抱えています。ドキュメンタリーの中で、科学者たちはケビンに自転車を描いてみるよう依頼します。ケビンの脳内には自転車のイメージが残っているため、彼は自転車の絵を描きます。それにもかかわらず、彼は今描いた絵が何かという質問に「分からない」と答えるのです。

　目の前のものが自分がたった今頭の中で思い浮かべ、さらに描きもした自転車であるにもかかわらず、外部からの情報を受け入れる認識障害があるため分からないと言うのです。そうだとしても、論理的には依然として納得しがたいものがあります。いくら外部の物事に対する認識障害が生じたとしても、自分が今描いた絵さえ認識できないなんて？複雑でもないのに。そのような連結が起こらないのだ！

　研究者の解釈はこうである。私たちの外部から内部へ、内部から外部へ向かう二つの認識プロセスは完全に別個のものであり、直接的な関連がないということだ。普段、私たちはこの二つのプロセスを連結して認識を完成させるが、それは一種の「仮の連結、無作為な連結」のようなもので、その二つが実際に関連があるわけではないという説明だ。私たちが持つ「世界に対する認識」について論理的な説明が欠けているようだということです。

　これは確定された原理というよりも、観察された現象に基づいて導き出された合理的かつ妥当な推論です。しかし、ケビンの事例に限らず、私たちの日常をよく観察してみれば、この「外部の対象」と「内部の認識」の間には不一致や無関連性が少なからず存在することがわかります。一般的には例外的現象として片付けられますが、脳科学的にはそのような不一致がむしろ本来の状態である可能性もあるのです。

　例えば、私たちが経験する人や状況について、誤解を生じさせることがあります。不注意によって誤解することもあれば、ある程度正確に観察していても誤解や誤った理解をしてしまうこともあります。いずれの場合も「外部の対象」と「内部の認識」の間に不一致が生じているのです。自分では正確に把握していると思っていても、実際には不一致が生じていたり、まったく関係のない解釈をしていたりすることもあります。このような両者の不一致は、私たちの日常生活でもしばしば経験される現象なのです。

　反論があるかもしれません。そのような場合は、上記の実験で言及されているような「本質的不一致」ではなく、正確に把握できていないことから生じる「状況的不一致」だと言えるでしょう。その通りです。両者は確かに異なる種類です。しかし、何らかの関連性はあり得るのです。おそらく私たちが経験する「外部対象」と「内部認識」の状況的不一致は、本来の本質的不一致の一側面の現象かもしれません。もちろん、これもひとつの推論に過ぎませんが、私たちがいつでも「不一致エラー」を起こす可能性があることを事前に認識しておくことは、様々な面で有益です。誤りや誤解を無条件に受け入れることを防止する効果があるからです。

　ある対象や状況に対する印象と評価が間違っていると判明した場合、私たちは大抵「誤った判断をした」と考え、その外部対象に対する自分の認識を修正することで問題が解決されたと思いがちです。しかし、時にはそのように修正された認識でさえも、また別の誤りや誤解であることがあります。つまり、不一致が再び生じるのです。通常は数回の修正を経て誤りを絞り込み、ほぼ正確な認識に到達することができます。厳密に言えば、このプロセスには終わりがないとも言えるでしょう。つまり、私たちが整理していく認識はあくまでも「相対的な適合」であり、「絶対的な関連性」ではないのです。

　この文章では「外部から入ってくる情報」と「内部から出ていく情報」の本質的な不一致性が絶対的だと主張しているわけではありません。ただ脳科学的発見に基づいたひとつの可能性について述べているのです。また、私たちのすべての「認識」が完全に誤りであったり、無視すべきだということでもありません。そのような必要はないのです。たとえ本質的に直接の関連性がないとしても、この二つの情報を結びつけて生じる認識の「有用性」が存在するからです。この有用性のおかげで人類文明が創られ維持されてきており、個々人も日々、瞬間瞬間を生きていくことができるのです。

　外部情報と内部情報を当然のように結びつけて生じる私たちの認識プロセスが、そこまで絶対的ではないということに気づくことは非常に有益でしょう。

　何よりも、ある認識が絶対的ではないかもしれないという可能性を持つことで、「誤った認識を絶対視することによって生じる誤り」がより容易に発見され、修正されるようになります。個人と集団が経験する苦痛と悩みは、大抵この「自分の認識が間違っている可能性」を認めたり許容したりできないことから生じると言っても過言ではない。認識が間違っているだけで自分自身が間違っているわけではないのに、私たちは認識と自己を同一視し、認識の結果を絶対視してそのような誤りに陥るのである。

　ここで私たちが本来話そうとしていた投影現象について、新たな解釈が生まれる可能性がある。ここで言う投影とは、かなり拡張された意味での投影であり、自分の内なる影の側面を否定するために外部へ送り出す否定的投影だけでなく、文字通り人間が内部から外部に向けて被せる「すべての認識」を指すことになる。そして先に考察したように、外部の対象に向けて投影するものは、実際には外部対象と何の直接的な関連性を持たないこともあります。ただ私たちがそのように結びつけて認識しているだけなのです。

　外部対象と内部認識の絶対的な結びつきから自由になれば、私たちは外部対象に対して抱く投影に無条件に依存する必要がなくなります。有用性が高い時は結びつけて活用し、有用性が低い時は切り離すことができるのです。結論として、私たちは自分自身と他者への投影からそれだけ自由になることができるのです。

Summary

　この文章は投影についての理解を深めるものです。神経科学の研究に基づき、外部情報と内部投影の間に本質的な繋がりが存在しない可能性を示しています。私たちの認知プロセスが絶対的ではないという認識は、誤りを発見し修正する助けとなります。これにより投影をより広い意味で解釈できるようになり、外部対象と内部認識の間の絶対的な繋がりから解放され、投影をより自由に扱えるようになるのです。

2.6 投影の双極性を洞察することによって投影を超えよう
：私たちの認識における「白黒」の区別を解きほぐす

　見方によっては、既存の投影理論はすべて結果的な現象を語ったものです。間違っているとか不足しているということではなく、観察地点がそうだったということです。ある意識現象が起きたのに、それを飛ばして次の現象あるいは結果に注目したということです。これはつまり、結果的な投影現象の背景となる意識現象が先に存在するということになります。

　既存の投影理論はある程度では妥当ですが、別の側面ではやや奇妙でもあります。例えば、私が今誰かの行動を軽蔑するとしましょう。前述したように、ここでは二段階の意識現象が起こります。一つ目は私の内側で自分が嫌いな何らかの側面が感じられたり認識されたりすることであり、二つ目はこれを外部の対象に投影することです。

　さて、これら二つの現象を引き起こす「基盤意識現象」が存在します。

　それはまさに「対になって生じる区分認識」なのです。便宜上簡単に表現すれば「白黒思考」と言えるでしょう。

　例えば今、外にある「黒色」を見るとします。それを黒色だと認識するためには、私たちの内側にそれと反対の「白色」の認識が存在していなければなりません。この二つの色の認識は当然、過去にすでに構築されたものです。もし私たちの内部に白色の認識がないまま外の黒色を見た場合、感覚としてはそれに対する感じを持つかもしれませんが、それを「黒色」だと認識することはできないのです。おそらく幼い頃に初めて白色を見た時、私たちはそれを「白色」として認識せず、ただ何らかの「生の感覚」として認識していたことでしょう。色だけでなく、対象に対するすべての物理的感覚においてもそうだったはずです。「あれは何である」という概念なしに、ただ「あ、何かがあるな」と感じるだけの状態です。

その後、「白色」と「黒色」の両方に慣れ、それぞれが「暗い色の反対の感じのもの」と「白い色の反対の感じのもの」であることも理解するようになり、ようやく黒色と白色の感覚的、概念的な対比を完全に把握できるようになるのです。

「黒-白」の区分の認識が生まれ、そこに概念まで付け加えると、その後から私たちはまるで黒が本来「黒」であり、白が本来「白」であるかのように思い始めます。それが事実であり、絶対的なものだと感じ、信じるのです。

厳密に言えば、これは一種の「後付けの解釈」に過ぎません。なぜなら、初めて「黒」と「白」を見た時、現在のように感じることも、認識することもなかった瞬間が存在したからです。後に感じるのは黒色、白色そのものではなく、私たちが上乗せした設定と名前に過ぎないのです。

私たちが黒色だと認識しようとしまいと、「その対象」はそのまま存在していたし、これからも存在し続けるでしょう。この文章を読んでいる今でさえ、もし最初の瞬間のように目の前にある黒色の何かを見つめるなら、つまり「白色」の感覚と対比されるものとしての黒色として見つめないなら、それはもはや私たちが知っている黒色として認識されなくなります。その感覚すらもそうなのです。

（感情はすぐには変わりません。脳と意識の既存の感情は反復と訓練によって変化するからです。しかし、「認識」は感情と関係性なく即座に変わることができます。例えば、休日の昼に家で昼寝をしていて、ふと目が覚めた時、薄暗い周囲を見て翌朝だと思っていたところ、家族の誰かが「昼寝から目覚めたところだよ」と教えてくれる状況のようなものです。「翌朝」だと思っていたその「認識」がごく短い瞬間に「同じ日の夕方」へと変わるのです。これと同様に、一種の思考実験として、目の前の黒色のもの、あるいは他の色を「黒色だ」という認識なしに直接見ることを試みることができます。少しでも違和感を感じたなら、それは成功の証です。これはまるで普段よく知っているものの名前が突然思い出せなくなり、一瞬ぼんやりする瞬間に似ています。）

　世の中にはこのように「対象に対する認識」が無数に存在していま
す。必ずしも「黒-白」のように対比される性質ばかりではないことも、
もちろん多いです。しかし、どのような場合でも詳細に見ていくと、
似たような構造で認識が構築されていることがわかります。私たちが
様々な色を区別できるのは、ある色を見たときに他の色に対する感覚
が同時に存在するからです。質感など、物事のあらゆる物理的な感覚
も同様です。

　より抽象的な対象に対する認識も、同じ方式で拡張されて発生しま
す。必ずしも二つの極性が対比される構造だけではなく、既に構築さ
れた双概念が互いに絡み合いながら、徐々に複雑な区分認識が生じて
いきます。まるで東洋哲学において太初の太極が陰陽となり、これが
四象、八卦、十六卦へと展開していくのと似ています。

　この中で投影を理解するために必要な部分は、まさに最初の「対比
される認識」の発生部分です。つまりいわゆる「白黒思考」です。もし
私が今、外部の何らかの対象に対して「臆病さ」という投影を起こす
ならば、私の内部では「正義感」という感覚が同時に生じるというこ
とです。このとき、両者はお互いを支え合う存在なのです。「臆病さ」
は外部対象と関係なく、私の中で起こる「臆病さ」の認識です。そし
てそれが起こるときは、まるで黒色の感覚が白色の感覚に支えられる
ように、私の中の「正義感」の認識が同時に存在しています。

　私は「臆病さ-正義感」の双概念あるいは双認識において、正義感だ
けを受け入れ、臆病さは受け入れられないでいるのです。この二つは
磁石の両極のように分けることができない、ひとつとして発生し、動
き、消滅する「二つの極性を持つひとつ」なのに、私たちはまるでそ
れが可能であるかのように一方の極性だけを認めようとします。二つ
は本質的に違いがないのに、私たちが人為的にひとつは良く、ひとつ
は悪いと設定した後、ひとつは拒否し、ひとつは受け入れるのです。

　私が良いと思う「正義感」は残しておき、「卑怯さ」は捨てようと
します。捨てられる否定的な極性は潜在していて、外部に適当な対象

が現れるとそれに投影されるのです。そして彼は「臆病な者」となり、私は「正義ある者」となり、私は安心して彼の臆病さを軽蔑し嫌悪するのです。これで私は安全だと思うのです。

　このすべての過程は厳密に言えば私たちの意識の「幻想」であり「想像」なのです。「臆病さ-正義感」は別々のものではなく、同時に生じたペアなのです。まるで体がくっついた双子の兄弟のようです。確かに極性は異なりますが分けることはできません。共に起こり共に消えるのです。これを明確にしなければなりません。単なる理論ではなく、実際に私たちの認識プロセスがこのようであることに気づかなければなりません。

　気づいた後には、それに続く様々な「後プロセス」が起こるでしょう。これこそが他者と外部に対する否定的投影を解決する最も根本的な方法となり得ます。投影の双極性をすべて洞察し、投影を超越するようになるのです。

　このモデルが絶対的だと主張しているわけでは決してありません。人間の意識や認識のプロセス、構造などを数学や物理学のように明快に説明することは、どうしても少し曖昧さが残るからです。幸いにも近年、脳科学研究が目覚ましく発展し、認知科学の様々な内容も徐々に具体的に解明されてきているため、脳生理学的メカニズムなどを用いて人間の意識と認識の構造、本質、正体を説明することも可能になってきている。私たちもこれらの研究と発見の成果を活用すべきであろう。

　たとえ脳科学や心理学、哲学などがまだ解明できていなかったり十分に説明していなかったりしたとしても、私たち自身の意識や認識現象について何も知らないというわけではない。意識や認識の現象は私たちと別個のものではなく、むしろ私たちはその現象の主体であり結果でもあります。まさにそれ自体なのです。

　そういう点で最も有用なのは「体験的観察と洞察」です。意識と認識現象の当事者として、私たちが体験していることを精密に観察し洞察することが重要です。もちろん、その過程と内容、そして結論は人によって異なる可能性がありますが、お互いに話し合いながら共通の要素を見出すことができます。なぜでしょうか？意識現象、認識現象は私たち全ての共通の体験であり経験だからです。

　さて、これで最後です。
　「白黒思考」あるいは「臆病さ-正義感の区分認識」、そしてそれらの双生成、双概念、双認識といったものが、外部に対する否定的投影を解決するのにどのように有用なのでしょうか？誰かに対する否定的投影によって自分も辛くなり、相手も辛くなり、関係性に問題が生じるとき、問題がこれ以上拡大しないようにしたいとき、私たちは何をどのようにすることができるでしょうか？
　「投影の双極性」を鮮明に認識することです。そして、それが結局ひとつの設定に過ぎないということも。
　例えば相手に臆病さを感じるとき、それは自分の中の臆病さを感じているのであり、これは自分の中の正義感と共に生じるものであることをよく認識し、外部への投影があえて必要ないと思えれば、自分の中の正義感と臆病さを手放して相手をありのままに見ることなのです。感じないようにするのではなく、感じつつも無心に観察することなのです。そのように相手を見つめながら、自分の中にどのような感情が湧き上がるのかをよく感じ取ることです。一言で言えば、「自分の中にある正義感と卑怯さという感情を無視して、相手を見つめ、感じること」です。
　この努力が実を結べば、相手がもはや卑怯だと感じなくなります。あるいは感じたとしても、次第にその感覚は薄れていくでしょう。「相手は卑怯ではない」と無理に感じたり考えたりすることではありません。そのようなアプローチでは失敗します。なぜでしょうか？「バナナを思い浮かべないでください」と言われると必然的にバナナが思い浮かぶように、いくら「彼は臆病ではない」と考えようとしても、「臆病さ」という区分は依然として存在し、私の内なる「臆病さ-

正義感」の根底にある感覚はそのままなのです。これは人々が感情の処理、感情の扱い方、感情の問題において最も頻繁に誤りを犯す部分でもあります。したがって、投影の問題であれ感情の問題であれ、真の解決は元々のこの「臆病さ-正義感」の問題を解決することにあるのです。双極性、双生成、双認識の問題の正体を把握し、解決することです。

　注意すべき点がもう一つあります。この「臆病さ-正義感」を完全に消し去ったり、なくしたりするものではないということです。そもそも不可能なことであり、無理に行おうとしても結果的に「抑圧、抑制、回避、無視」という機制になるだけです。そうすると自分は否定的投影がなくなったと思うかもしれませんが、実際には依然として意識の基底に潜んでおり、継続的に影響を与え続けることになります。むしろ「取り除いたのになぜ問題を起こし続けるのか？」あるいは「なぜ消えないのか？」とさらに苦しむだけなのです。

　消したり、取り除いたり、存在しないふりをするのではなく、この本来の構造とプロセスに気づくことが大切です。察知することです。正しく、明確に察知すればするほど、投影の影響力は減少します。次第にそれから自由になっていくのです。なくなって自由になるのではなく、あっても構わなくなるのです。なぜでしょうか？それがどのような現象なのか、その正体を理解しているからです。

　繰り返し強調しますが、私たちは「黒と白」をすべて認識し区別でき、「卑怯さと正義」もすべて認識し区別できますが、必要に応じてそれらを活用しているだけなのです。黒色も卑怯さも、特別に対処する必要はありません。そして、それが不要であったり、無意味であったり、あるいは苦痛を生じさせる場合でも、区別はできるものの、過度にとらわれなくなるのです。これは、よく言われる「大丈夫でも大丈夫、大丈夫でなくても大丈夫」という原理が適用される例でもあります。この原理を知った上で行うことと知らずに行うことでは、非常に大きな違いがある。

Summary

この文章は投影の双極性についての洞察を通じて、投影を超越する方法を説明している。私たちの認識は対比される概念のペアで構成されており、これは「白黒区分認識」として説明される。否定的投影を解決するためには、このような極性を認識し、それが単なる設定に過ぎないことを悟る必要がある。目標はこのようなペアを完全に取り除くことではなく、その構造と過程を明確に認識し、必要に応じて適切に活用することである。

3章 「私」は内容によって決定される存在ではない

3.1 アイデンティティは内容ではなく感覚である
：自我アイデンティティの本質

　人を見るとき、たいてい私たちはその人の「内容」を見ています。その人は誰なのか、何をしているのか、どんな過去があるのか、どんな成果があったのか、学生なら学校はどこで勉強は得意なのか不得意なのか、会社員ならどの会社に勤めていて年収はいくらなのか、芸術家ならどんな作品を作り、どんな賞を受けたのか、学者ならどんな理論を構築し、どんな研究で成功したのかなどです。

　内容によって誰かのアイデンティティを決定しようとする試みは、すべて失敗します。

　なぜでしょうか？人の本当のアイデンティティは、そのような内容とは関係ないからです。彼が何をしてきて、今どのような人であるかは副次的なことにすぎません。自己同一性、自己効力感、自信、自尊心に関連する数多くの問題が、ここから生じるのです。内容によって決定できない人のアイデンティティを、内容によって決定しようとする試みが原因なのです。私たちが一般的にアイデンティティとして挙げる「内容」の中で代表的な二つは、「私は誰か」と「私は何をしているか」です。私たちを苦しめる「比較」も、この二つの理由から生じています。アイデンティティがもし人生の内容によって決定されるならば、それは俳優が舞台の外の実際の人生における存在意義を、自分が演じる役割によって決めようとするようなものです。自分を劣っていると思おうが、優れていると思おうが、結果は同じです。私は「誰か」または「何かをしている」ことによって決まる存在ではありません。それらを使用し活用はしますが、私はそれらとは関係なく完全に存在しているだけなのです。

　アイデンティティとは、内容というよりもむしろ「感覚」です。どのような感覚なのでしょうか？自分自身に対して自然と身につく揺るぎない「安心感、自信、堂々とした気持ち」のことです。何も持っていなくても、何もしていなくても、今のままの自分で堂々としていられること！そして、たとえ堂々としていられなくても、それでいいのです。アイデンティティの一部は、その人の持つ内容によって形作られたり表現されたりすることもありますが、その本質はこのような「感覚、実感」にあります。

　幼稚園、小学校の子どもたちに最も重点的に伝えるべきことは、他でもない「無条件の自尊心」である。何かができるようになってこそ、何かをより多く持ってこそ、競争に勝ってこそ「私は価値ある存在だ」ではなく、そういったものがあるなしに関わらず「私は価値ある存在だ」という当然の感覚。これは条件を必要としないのである。

　条件によって左右される「条件付き自尊心」と、これを学習させ、注入し、引き起こすすべての要素こそが、人類最大の敵である。そして条件に関係なく持つ堂々とした自尊心こそが、誰もが見つけるべき健全な「自己同一性」なのです。新しく作り出すものではなく、今もずっとそうである本来の姿なのです。

　再度強調しますが、アイデンティティとは「条件的な内容」ではなく、「非条件的な完全性の当為に対する認知的自覚」そして「それに基づいた確固たる堂々とした感覚」でなければなりません。条件と内容はこれに付随的に助けるだけなのです。自分についてのすべての内容を喜んで受け入れ活用しつつも、それと関係なく、内容があってもなくても、むしろすべての内容を脇に置いても堂々と自然に存在すること、「ある」という感覚、実感。まさにこれが最も根本的なアイデンティティであり存在性なのです。

　これは新しく作り出したり付け加えたりするものではありません。すでに、本来、常にそのままなのです。しかし私たちは、人生に積み重なった内容をアイデンティティと存在価値の条件とする奇妙なパターンに陥り、勘違いをしてきたのです。その勘違いの中で長い時間生きてきて、社会や文化もそれを強要するため、この勘違いから抜け出すには意図的に心の目を向け変え、自分本来のアイデンティティを生き生きと感じる必要があるのです。そのようにしてある程度明確に気づくことができれば、その後は自然と享受できるようになります。

- アイデンティティが私ではなく、私がアイデンティティの主人である

　普段当然のように思っている誤った信念のひとつは、「存在には理由が必要である」という無意識的な観念です。一人の人間として認められるためには、理由や条件を満たさなければならないという奇妙な信念です。私たちのほとんどが無条件に、無批判的にそう信じています。しかし、そのようなことはありません。私たちが存在するのに理由は必要ないのです。存在の理由や正当性を人生の内容に求めようとすれば、終わりのないゲーム、答えのない問題となってしまう。この「内容」とは、自分自身や他者、そして世界が私に押し付ける設定に他ならないからだ。

　今ここに存在しているという事実そのものが、すべての存在理由と条件がすでに満たされている証拠なのだ。もし条件と理由が十分でなかったならば、あなたも私も、そもそもこのように存在することさえなかっただろう。これを自覚することから生まれる内面の「無条件の確かさ、堂々とした自信」、この感覚を取り戻すことが必要なのだ。生まれた時から既に持っていて今も存在しているが、世界と他者、そして私自身が植え付けた奇妙な条件や規則によって覆い隠された存在感。

　わざわざより素晴らしい自分、完全な自分、活気ある自分、成熟した自分を探し求めてさまよう必要はない。ただ今の「自分ではない自分」たち、私が生まれてから今まで世界と他者と私自身が自らに被せてきたすべての「否定的、消極的な自分」たちが一時的な設定に過ぎず、根拠のない制限に過ぎず、中途半端な限定に過ぎないことをはっきりと気づき、それらを消していけばいいのだ。手放せばいいのだ。無視していけばいいのだ。光があれば影が自然と消えるのと同じ原理です。私の主人である私自身が許可しなければ、何ものも私を制限することはできません。このようなマインドを確固として持つべきです。

　それが実際の真理だからです。そして「私ではない私」が離れていった場所に、ありのままでいつも存在する本当の自分を、丁寧に感じ、抱きしめ、受け入れましょう。文章で表現すると次のようになります。

　「今のままの私で、すでに十分なのです。」
　「今のままの私で、すでに堂々としているのです。」
　「今のままの自分でも、すでに誇らしい存在なのだ。」
　「今のままの自分でも、すでに愛おしい存在なのだ。」

　他者のアイデンティティもこのように受け止めることができるのです。例えば、親が子どもに与えられる最高の癒しは、次のような言葉です。

　「私はあなたが何をしようとも、今のままのあなたを支持し、愛しています。」
　「もっと成功して達成を重ねれば、それもあなたを誇りに思うでしょうが、そうでなくても私は変わらずあなたを誇りに思っています。」
　「あなたがどんな選択をしても、私はあなたを支持します。」

　本来そうであるからだ。これは信念の問題ではなく、気づきや察知の問題である。家族であれ学校であれ社会であれ、子どもたちにこのような健全な自我感覚とアイデンティティを与えることが第一の目標となるべきである。「内容」は付随的な道具に過ぎない。例えば、個人の固有性とアイデンティティを健全に確立し、自尊心、プライド、自己満足感、自信などを高めるために、その人の個人的特性、長所、様々な側面などの「内容」を活用することは、それなりに有効な方法である。だから初期段階で一個体として堅固で健康な存在を確立し、世界と良好な関係性を結んで幸せに生きることができるなら、それに勝るものはないだろう。
　それにもかかわらず、このように内容によって構築されるものは、真のアイデンティティというよりも、狭義の「個人性、個体性」と呼ぶべきものである。このような個人性や個体性を固有のアイデンティティや存在価値とみなす戦略は、根本的に限界があり、時として副作用を生じさせることもある。それは揮発性が高く一時的なものに依存する方法だからである。どれほど拡張を試みても、内容によって規定される個人性は、それ自体がすでに「限定される、制限される」という宿命から逃れることができない。これを受け入れるかどうかは自由な選択の領域だが、気づかなければこれだけをアイデンティティの全部だと思い込み、他の可能性はないと考えるようになる。

　アイデンティティとは「概念、知識、設定、区別」といったものとは無関係であり、そのようなものを超越した存在である。したがって、人間が個々に自分のアイデンティティとして認められる唯一のものがあるとすれば、それはまさに「未限定のアイデンティティ」である。今このように堂々と、そして鮮明に存在しながら、同時に何物にも敢えて制限されない。「非限定」という言葉は即ち「無限定」、つまり「無限」という意味でもある。有限、無限の概念フレームとも何の関係もない、それらを超越した意味での無限である。だからこそ、とても軽やかにひらひらと舞う無限なのである。

　この言葉は即ち「アイデンティティがないこと」ではないか？もちろん、そうではない。私のアイデンティティが私ではなく、私こそがそのアイデンティティの主人であるという意味です。私は、すべてのアイデンティティを包含しながら同時にそれを超越している存在なのです。明確な「未限定のアイデンティティ」の基盤の上で、あるいはすべてのアイデンティティを超えて、その時々に必要なアイデンティティを自由かつ余裕をもって活用し、手放すことができるのです。

　「条件なしの存在の当為性」を悟った状態で条件を活用することと、「存在には当然何らかの条件が必要だ」という前提に陥った状態で条件を活用することは本質的に異なります。例えば、社会的に似たような条件を持ち、似たような活動をしている二人の人がいるとしましょう。一人は自分の行動と条件に自分の存在と当為性を依存せず、もう一人はまだそれらの条件に依存しているならば、その二人は完全に異なる人生を生きているのです。今やその違いに気づくべきなのです。

　私たちの存在には条件が必要ありません。
　条件は、ただ必要に応じて上手く活用するだけなのです。
　内面に蓄積されたどんな記憶にも依存せず、
　外的に積み重ねられた何らかの達成や未達成にも依存せず
　私たちは完全な自分として存在することができます。
　そして、やるべきことをすべて行えばよいのです。

Summary

　アイデンティティは内容ではなく、感覚なのです。真のアイデンティティは、無条件の自尊心と自己に対する確固たる感覚から生まれます。私たちの存在は理由や条件を必要としません。私たちはすでにそれ自体で十分であり、行動や達成に関わらず価値ある存在なのです。アイデンティティに制限はなく、私たちはアイデンティティの主人なのです。条件とは、ただ必要に応じて使用する道具に過ぎないのだ。

3.2 シナリオ通りに生きる存在になるのか、シナリオを創る主体になるのか？

：過去に親や社会から強いられた否定的なシナリオから解放されること

人生で直面する心理的問題は、大きく分けると情緒障害と認知障害の二つになる。情緒障害とは、過去に経験した不快な出来事や悲しかった・衝撃的だった出来事の感情的な余波が心に残り、日常生活の中でふとした瞬間に再体験され、否定的な影響をもたらすものである。このとき情緒だけでなく、実際に身体の五感で感じられることもあります。

情緒障害が「感情の障害」ならば、認知障害は「思考の障害」あるいは「理解の障害」です。純粋に認知的な誤りそのものから生じることもありますが、それよりも先に述べた情緒的、五感的な衝撃に伴うことが多いのです。簡単に言えば「誤った考え方」で苦しんでいるということです。自分の考えが間違っていても、客観的に見たり修正したりできないことが多いのではないでしょうか。理由は思考を「単なる思考」として捉えず、「自分自身」と同一視してしまうからです。

ここでは認知障害を「シナリオ障害」という概念で解説していきます。つまり人間のあらゆる関係性と世界の仕組みについての「誤ったシナリオ」によって生じる障害なのです。シナリオ障害は既存の心理学の一部で使用されている概念でもあり、おおよそ韓国社会の小学生の時期である7〜11歳頃に始まるとされています（もちろん、それ以降も継続して発生する可能性があります）。 この時期の子ども（私たち自身）に起こる最も大きな変化とは何でしょうか？

まず第一に「言語的影響」です。この時期から脚本、つまり自分の行動や役割を規定する「言語的規則」に支配されるようになります。言語活動が精緻ではなかった以前と異なり、この時期には言語の影響が非常に「具体的」かつ「操作的」に作用し、これにより様々な規則に基づいた操作的思考が可能となります。数学の多様な概念や社会的規則を理解できるようになることは、その良い例といえるでしょう。

　もう一つの変化として、「他者の視点」から世界を見て、その役割も果たせるようになります。それまでは自分だけに向けられていた意識的な関心が、外部へ向かい始めるのです。つまり他者と世界に目を向け始めることで、規則的あるいは一定のシナリオで動いている世界の一員となるのです。

　「外部のシナリオ」に触れ、それを受け入れながら、自分も世界に対する独自のシナリオを構築し始めます。つまり自分なりに世界を理解していくのです。適切に理解されたシナリオは非常に有用です。すでにシナリオが適切に把握された状況では、より容易に対応でき、人々とより効率的に関係性を構築することができます。

　問題は、シナリオが誤って形成されたり、誤用されたりする場合です。これを総称して「シナリオ障害」と呼ぶことができます。

- 外部から与えられる否定的な神話

　小学生の時期に私たちが受け入れるシナリオは、親や社会から来ています。それらはすべて「真実そのもの」ではありません。ある意味では、親だけの、あるいは外部だけの「神話」に過ぎないのです。それらのシナリオもまた、彼らによって作られたものに過ぎない。私が作るのと同じように。

　判断力や修正能力を持たない子どもたちは、これらすべてのシナリオを無批判に受け入れてしまう。そして単にひとつの神話やシナリオに過ぎないものを、私たちは「絶対的な事実または真実」として受け入れてしまうのである。年齢を重ね経験を積むにつれて自分自身の判断力と思考力が強くなると、既に受け入れたシナリオを修正したり、廃棄したり、発展させたりすることもあるが、そのまま「私の絶対的なシナリオ」として固定化してしまうケースも少なくない。

　そして私たちが「世界についての正確な事実」と信じていたものが、

親や特定の人々、あるいは社会の「誤ったシナリオ」であるとき、特にその歪みと誤りの程度が深刻であればあるほど、私たちはより苦しくなります。

親から否定的な影響を多く受けて育った子どもたちが最も一般的な例です。親の誤ったシナリオによって、子どもは継続的に「ダメな子、悪い子、不十分な子、怠け者の子、生まれてくるべきではなかった子、何にもなれない子」などの自己イメージを植え付けられていきます。自分の行動に対しても継続的に否定的な反応がやってくる。世界に対しても歪んだ解釈と視点を絶えず注入され続ける。

子どもは時に順応し、時に反抗するだろうが、どちらの場合でもそのシナリオは子どもの意識の中に侵入し、事実上「学習」される。これは前述した無批判性が原因である。それを防ぐ意識的な力がないからであり、受け入れざるを得ない時期だからである。親が語ったシナリオを嫌う子どもでさえ、知らず知らずのうちにそのシナリオを信じ始める。なんと苦痛な状況だろうか。自分は意識的に嫌悪し拒絶しているにもかかわらず、知らないうちにそれに支配され、巻き込まれてしまうのだ。これは一種の矛盾した状況である。

親だけでなく、教師、周囲の大人たち、同年代の友人たちもそのような否定的な役割を担うことがある。通常は長期的または強い刺激が継続するものだが、時には通りすがりに幼い自分に投げかけられた否定的なシナリオの一片が、生涯にわたって心の奥底を支配することもある。あなたにもそのような経験があるのではないだろうか？

人間だけでなく、社会や文化も否定的で歪んだシナリオを私たちに植え付ける役割を果たしています。それは集団的または社会的慣習となることもあれば、宗教的教義となることもあり、またその時代と地域特有の思考様式となることもあります。ある社会に存在するあらゆる偏見、差別、嫌悪、そして不合理で非理性的な慣習もすべてこれに該当します。例えば、韓国社会には韓国社会特有の集団的な誤ったシナリオが存在します。代表的なものとしては、年齢に執着する文化、社会全般に浸透している軍隊文化、今なお強く残る性別による差別、個人に対する過度な干渉、障害者や性的少数者などの社会的マイノリティに対する差別意識などが挙げられます。もちろん、これは韓国だけの問題ではないでしょう。どの社会も発展の程度に応じて、それぞれに未成熟なシナリオと成熟したシナリオを多様に内包している。

- 自ら作り出す否定的な神話たち

　このように無批判に受け入れたシナリオを土台にして、今度は私たち自身が病理的なシナリオを生み出していく。子どもから成長した現在の私たちが「自ら」抱えるすべての否定的あるいは誤りを含んだ自己像、世界観、価値観、状況判断などがこれに該当する。始まりは外部から取り入れたものだったのに、いつの間にか「自分自身のもの」になってしまったのだ。

　私のシナリオが間違っているようであれば、修正するか捨て去ればいいのです。　実際には捨てることができず、頑固さを持って固守するケースが非常に多いのです。ここには二つの理由があります。ひとつは「私のシナリオは私が最善を尽くして作ったものだから正しいはずだ」という信念です。もう一つの理由は「私のシナリオは私自身だ」という同一視の観念です。つまり、シナリオを否定することは自分を否定することだと考え、「自分」を守るために間違ったシナリオを守るという誤りを犯してしまうのです。実際には自分を守っているのではなく、むしろ自分を傷つけることになるにもかかわらずだ。

　例えば、自分自身や世界をただ否定的にしか見ることができない人がいる。このことで苦しみ悩んでいる彼に、友人や知人が「君は素晴らしい人だよ」と助言しようとする。「素敵な人だよ」あるいは「この状況はこのようにポジティブに考えられるよ」というように、より望ましいシナリオを提示しようとするが、本人はそれを受け入れず否定してしまう。

　常識的に見れば不可解だが、その機制を理解すれば納得できる。つまり、自分を苦しめる否定的なシナリオではあるものの、すでに「私のシナリオ」となっているため、それと自分を同一視してしまうのである。また、そのシナリオが「正しい」と思い込んでいるため、それを固守し頑固さを示すようになる。実際には正しいわけではなく、単に「慣れているだけ」なのに、「慣れているものがすなわち正しいもの」という誤った思い込みによってそう考えてしまうのである。

　人はどのような形であれ、自分のシナリオを基に世界を生きていかなければならないため、良いものであれ悪いものであれ、シナリオを必要としているのである。そのため、別のシナリオに変えない限り、既存のものに依存し続けるしかないのです。つまり、そのシナリオが正確であるからや良いからではなく、とにかくシナリオが必要だから、既存のシナリオに従って自分と世界を見ているのです。

　しかし本質的には、特定のシナリオがあってもなくても、私たちは何の問題もなく存在することができます。つまり、シナリオは単なる道具であり、シナリオが私たちの存在性を左右するわけではありません。

- シナリオは「私」ではない

　これまで検討してきた病的なシナリオ障害は、日常生活で起こるシナリオ障害と本質的に異なるものではありません。他のことはその「程度(degree)」と言えるでしょう。つまり、その変形、誤り、錯覚の程度がある一線を超えて深刻であれば病的な障害となり、そうでなければ単なる日常の些細な障害なのです。必ずしも病的な症状でなくても、私たちはよく困難に直面します。私の些細な誤り、夫婦や家族、同僚との間に生じる小さな衝突、社会生活を送る中で経験する小さなずれなどがそれです。結局のところ、完璧なシナリオなど存在しないのです。むしろ、誤りがあることを知り、それを認めながら生きることこそが、人生をより柔軟で豊かにする秘訣でもあるのです。

　ただし、その誤りが大きすぎると自分を苦しめてしまうため、解決策が必要になります。誤ったシナリオに固執することで一時的な心理的安定と満足感は得られるかもしれませんが、結局は苦痛と損失を被ることになります。人間関係や状況が複雑になり、非効率的になってしまうのです。したがって、他の誰でもなく自分自身のために、自分の幸福のために、誤ったシナリオから生じる問題を最大限解決する必要があります。どのような考え方や方法が役立つでしょうか？これまで述べてきた内容を整理すれば、それ自体が解決法となるのです。

　第一に、シナリオはシナリオに過ぎません。「絶対的な事実」ではありません。かといって「虚構」というわけでもありません。事実か虚構かを問う必要はないのです。シナリオはただのシナリオであることを理解すればよいのです。シナリオは私たちが人生をより有用かつ効率的に生きるために作り、使用する道具です。私たちがすべきことは、シナリオを作るか作らないかではなく、「上手に作り、上手に使用する」ことです。「私」はシナリオ通りに生きる存在ではありません。私こそがシナリオを作り、修正する主体なのです。

　第二に、シナリオと自分を同一視しないこと。世界に対する私のシナリオは、私と他者との関係性および世界がどのように動いているかについての私独自の「解釈」です。私が作り、私が持っているからといって、そのシナリオが「私」そのものではありません。私たちはシナリオなどによって制限されたり限定されたりする取るに足らない存在ではありません。それを包み込みながら、その向こう側に存在しているのです。シナリオと自分を同一視することは、まるで世界全体を一冊の本と同一視するようなものです。非効率的で愚かな行為なのです。シナリオはそれぞれ認めつつも、それと自分を同一視しないようにしましょう。「全部」だと思わず、「絶対」だと思わないようにしましょう。

　第三に、外部から注入された神話的シナリオを見分けることです。自分の手で作り上げた内なるシナリオであれば、向き合う価値があります。そのようなものでさえ絶対化しないよう心がけているのに、ましてや外部から注入されたシナリオなどは言うまでもありません。それは「彼らの神話」ではないでしょうか。なぜ私は他者の神話に振り回され、囚われなければならないのでしょうか。その必要はありません。彼らには彼らの神話の中で生きさせればよいのです。それは彼らの役目です。私は？私は不必要な他者と世界の神話、シナリオに入る必要はない。もちろん社会生活を送り、関係性を築いていくと、やむを得ず他者や社会の理不尽なシナリオに応じたり、関わったりすることもある。たとえ表面上はある程度まで応じるとしても、心の中でそれを完全に認めたり受け入れたりする必要はない。

　第四に、他人のシナリオだけでなく、自分自身の神話的シナリオも着実に捨てるべきものは捨て、修正すべきものは修正していこう。自分自身のために。本来、最初のシナリオもそのようにして作られたものなのです。最初に作られたからといって、より絶対的であったり、より正確であったり、より重要であったりすることは決してありません。ただ「最初に、初期に」作られただけなのです。私たちが先に出会ったという理由だけで、誰かを無条件に他の人より貴重に、より重要に考えるでしょうか？いいえ、そんな理屈は通りません。シナリオも同じことです。

　これ以外にも病的なシナリオの問題を解決する方法は数多く存在するでしょう。私たちはそれぞれの知恵によって、いくらでも異なる、より良い解決策を生み出すことができます。そうしたら、それらの方法も積極的に取り入れましょう。できないことなどないのです。やらない理由もありません。それによって、より柔軟で成熟した人生のシナリオを使い、また継続的に作り上げていきましょう。重要なのは「自分自身の幸福」なのです。さらに、私がより正確で、緻密で、成熟したシナリオを作り出して実践すれば、他者と世界もおのずとより幸せになっていくでしょう。

Summary

私たちは幼少期に親や社会から受けた否定的なシナリオによって影響を受けています。このようなシナリオは私たちの自己イメージと世界観を形成しますが、必ずしも真実ではありません。シナリオは単なる道具に過ぎず、私たちの存在を定義するものではないのです。健康な生活のためには、このようなシナリオを認識し、それと自分を同一視せず、必要に応じて修正したり捨てたりする術を身につけるべきです。私たちはシナリオの創造者であり主人として、より柔軟で成熟した人生のシナリオを作り上げていくことができるのです。

3.3 なぜ他者と世界の承認を必要とするのか？

：外部評価から解放されるために

　私たち人間は自分自身に不足感を感じると同時に、誇りや自己満足も絶えず感じています。不足感が満足感を覆い隠したり相殺したりすることがほとんどですが、一方では「それでも私は最善を尽くした。自分なりにやるべきことをやり遂げた。それなりに上手くやっている。そのことを認めてほしい！」という気持ちが私たちの内側に存在しています。間違っていたり弱い心ではなく、極めて自然で健全な心理なのです。傲慢や強制、過度な欲求に流れない限り、これは自尊心と健全な自己肯定感の基盤となります。

　自分で「私はよくやった、私は大丈夫だ」と認められれば良いのですが、多くの人はそれだけでは満足できず、他者からの確認を求めます。認められることを望むのです。これもまた自然で健全な心理です。なぜなら、自己と他者は完全に切り離せるものではないからです。ここにも隠れた構造が存在している。他者に認められようとする根本的な理由は、結局それを通じて自分自身を認めるためなのだ。つまり、自己承認のための手段となっているのである。

　どのような心理なのか理解はできるだろう。しかしそれは非常に非効率的なのだ。必ず他者の承認を得なければ満足できず、自分自身を認められるようになるのだから。私たちはいつも他人の承認を得られるわけではないし、近道があるのに敢えて遠回りをしているようなものだ。外部からの承認を通じて自己を認めることと、直接自分自身を認めてしまうことの結果は同じなのである。何よりも、そのように絶対的に依存し、認められたいと思う「他者と世界」とは一体誰なのでしょうか？彼らは神であり、絶対者なのでしょうか？いいえ。彼らも私と同じような存在に過ぎないのです。

　他者と世界には、彼らに相応しい分だけの役割を与えましょう。もちろん、相互の愛と尊重の中で。それで十分なのです。過度な権能を与える必要はありません。私たちが注目すべきは本来の目的、つまり自己肯定なのです。

「外部や他者からの承認を得なければ自分自身が認められない」というこの精神的習慣は、いつかは乗り越えなければなりません。本来の目的である「自己肯定」に直接向き合うことです。ただし、「条件付きの自己肯定」ではなく「無条件の自己肯定」でなければなりません。

外部や他者が先に私を認めてくれるときは、喜んでそれを受け入れ、享受すればよいのです。そして彼らの承認が必要なときは、いつでも承認されるに値する状況を作り出してもよいのです。自由に行動すればよいのです。また、他者や自分が必要とする条件があれば、それらを創り出し、達成し、体得すればよいのです。

何よりも、そのような条件がなくても、私はただ自分らしく常に最善を尽くし、満足感を持ち、堂々と、自然体で生きていけばよいのです。その高まったエネルギーと心で、日常においてより堂々と素晴らしく生きていくことなのです。

Summary

私たちはしばしば他者からの承認を通じて、自己承認を得ようとします。しかし、これは非効率的で遠回りな方法なのです。代わりに無条件的な自己受容を実際に実践することが重要です。他者からの承認は受け入れつつも、それに完全に依存しないようにすべきです。私たちは外部の状況に関係なく、自分自身を認め、自信を持って生きていくことができます。このような自己受容は、より豊かで自信に満ちた人生へとつながります。

3.4 私たちが本当に恐れているのは「決定」ではなく「経験」である

：決断力のある決定を下す勇気を育てる

　「もしかして私は決断障害なのではないか」と心配する人を意外と多く見かけます。「障害」という言葉を安易に使うことも問題ですが、実際には「障害」というよりも、単に決断をやや難しく感じる程度であるにもかかわらず、そのように表現してしまいます。

　誰もが決断に困難を感じるものです。ただその程度に差があるだけです。苦労して決断した後も不安を感じます。なぜ私たちは決断を難しく感じるのでしょうか？本質的な原因を理解できれば、決断の瞬間により余裕を持って柔軟に選択できるよう、自分自身を変化させることも可能でしょう。

- 決まった答え、正しい選択が別に存在するのだろうか？

　決断や選択の場面で躊躇してしまう最大の理由は、「どこかに最高の選択、最善の決断が存在するはずだ」という信念にある。確かに、決まった答え、最善の答えが存在する事案もあるだろう。最善の選択肢があるならば、当然それを探し求め、模索すべきである。事業上の決断や重要な選択は、軽率に行うべきではない。自分ができる最善の分析と考慮、資料と洞察を活用して選択すべきである。相当な責任や功罪が伴う場合は、なおさらそうです。このような決断の前で悩むことは、いわゆる「決断障害」ではなく、自然な慎重さなのです。

　私たちが「なぜ決断できないのだろう？」と悩むケースは、大抵は重大な決断ではなく、日常的な選択ができない時です。したがって、まず解消すべきは日常における決断の状況です。この部分でまず「決断すること」が訓練されれば、後に本当に重要な決断をする時にも応用できるでしょう。

　深刻な状況であれ日常的な場面であれ、結局は複数の選択肢から決断しなければならないという点では同じです。時には決断の内容よりも、そのタイミングがより重要になることもあります。それにもかかわらず、優柔不断に躊躇して決断の瞬間を逃してしまったら？適切なタイミングで決断できるよう訓練されていることは、想像以上に重要なのです。これが本書を執筆した主な目的でもあります。

　私たちはまず「何事にも正解があり、正しい選択肢や最善の決断が存在する」という幻想を打ち破らなければなりません。そのようなものを探すなというわけではなく、不必要かつ過度にそのような信念に囚われるあまり、選択と決定の妨げになってしまわないようにしようということです。最善の選択肢を見つけていく過程で、私たちが新たに持つべきマインドフレームは次の3つです。

1. 私が選んだものがすなわち答えである。
2. 私が答えを作り上げていくのである。
3. 答えは必ずしもひとつに決まったものではない。

　一つ目、「私が選んだものがすなわち答えである」というフレームは、最も強力な解決策の一つです。この言葉を適当に決断してもよいと解釈する人はいないでしょう。最善を尽くして最適な決断をするよう努力しつつも、ある時点で決断を下さなければならない時は、もはや躊躇したり立ち止まったりせず、「私が選んだことがすなわち答えだ」というマインドで臨むということです。そして実際にもそうなのです。
　決断の瞬間ごとに私たちの心には暗黙のうちに「もし私が選んだものが最上の、最善のものでなかったら…」という考えが潜んでいます。だから不安になり躊躇してしまうのです。しかし、A、B、Cのうちどれが最良の選択なのかは、実際の過程と結果を見るまで誰にもわかりません。多くの人はAを選ぶと「もしかしてBやCが正解だったので

は？」と不安になり、Bを選ぶと「もしかしてAやCが正解だったので
は？」と心配します。

　厳密に言えば、何を選んでも不安の重さは結局同じなのです。「も
し私が選んだものが答えではないとしたら？」と。ですから同じこと
なら、「私が選んだものこそが答えである」と考える方が効果的で有
用なのです。選択の瞬間にも有用であり、その後の進行にも力となり
ます。ですから、躊躇のフレームを捨て、決断のフレームを選ばない理
由はないのです。

　二つ目、「私が答えを作っていくのだ」という考え方も同様です。
もはや優劣をつけられないか、何を選んでも躊躇してしまう状況であ
れば、厳密に言えば今や「私が答えを作る」ことだけが残されている
のです。それにもかかわらず、「本来の答えがある」と漠然と信じ続け、
「私はそれをうまく選ばなければならない」と考える限り、決断の前
に強い心を持つことはできません。本当に特別な場合でなければ、そ
のようなことはありません。ただ私が答えを作り出すのです。実際、
そうなのです。

　「私のような者がどうやって答えを作れるだろうか？そんなことは
特別な人、完璧な人だけができることではないか？」と思うかもしれ
ません。そのような人が別にいるわけではないのです。いいえ、私こ
そがそのような人なのです。そもそも答えを作る資格や条件に合う人
が別に決まっているわけではありません。「私こそが答えを作ること
ができるまさにその人だ」というマインドを意図的に持ちましょう。
最初は違和感があっても、繰り返し練習して強化していきましょう。
そうすれば、ある瞬間から実際にそのような人になり、自然とそう行
動するようになります。もちろん、それにふさわしい条件、資格、能
力を着実に積み重ねていくことが前提です。

　三つ目、「答えは必ずひとつに決まっているわけではない」も重要
です。答えは複数あると考えられます。その中から必要に応じてひとつ
を選ぶのです。したがって、選んだものが答えとなり、また自分自身
が答えを創り出すことにもなるのです。繰り返しになりますが、その

状況に最も適切で適合した決断を下そうとする努力は怠らないように
しましょう。ただし、その過程で本当に決断すべき時には、思い切っ
て行動することが大切です。「答えが必ずひとつに決まっているわけ
ではない」というマインドは、必要な時に私たちがより余裕を持って
柔軟に決断できるよう助けてくれるフレームです。そのように能動的
に活用していくとよいでしょう。

　先ほども述べましたが、選択を躊躇させる主な心理のひとつは、ま
さに「自分が選ばなかったものに対する未練」です。「これではなく、
あれを選んでいたらもっと良かったのに」という気持ち。しかし、こ
れは幻想です。永遠に叶えられない夢を追い続けることなのです。選択
肢のひとつに決めたなら、もう他のものは「存在しないもの」と同じ
です。存在しないものを望み続けることは幻想であり、心のエネルギ
ーを奪われるだけです。他の選択肢を参考にしないとか無視しろとい
う意味ではありません。物事の進行に役立たない不必要な未練を捨て
なさいという意味です。
　どんな決断でも、それに伴う過程と結果にはそれぞれの長所と短所
が存在するものです。もちろん私たちは、できるだけ短所を減らし長
所を得られる決断を望みます。そのため、ビジネスや重要な案件には最
善を尽くして適切な決断を下さなければなりません。それでも日常の
決断であれ重要な決断であれ、結局「これを選べばあれが不足し、あ
れを選べばこれが不足する」という状況は避けられません。
　むしろ逆の視点で考えてみましょう。「これを選べばこれが豊かに
なり、あれを選べばあれが豊かになる」という側面を意図的に見るの
です。不足している部分や足りない部分を、まるで知らないふりをし
たり、存在しないかのように振る舞ったりすべきだということではあ
りません。決定した後でも、補完や修正が必要な部分があれば、いつ
でもそうすることができます。ただ、物事に取り組む際の「マインド
フレーム」について話しているのです。決定を覆すことができないの
であれば、すでに選択したものから最善を見出し、それを享受すること

が賢明です。心理的な観点からもそうなのです。

- どのような決定をしても、その後の過程は同じである

　選択と決定をするだけがすべてではありません。むしろ決定は始まりに過ぎないのです。決定した後には一連の過程を経ることになります。そして今、正直に向き合わなければなりません。私たちが恐れているのは決定そのものではないのです。つまり「決断障害」ではないのです。私たちが本当に恐れているのは、決断後のプロセスです。

　私たちはつい「良い決断の後にある、もっと良いプロセス、もっと楽なプロセス」などを夢見てしまいます。しかし、どんな決断をしても「その後のプロセス」は同じなのです。すべての内容と流れが全く同じという意味ではなく、体験と経験としての全体的な流れが同じだということです。決断を躊躇したり、先延ばしにしたり、避けたりするほどの本質的な違いがあるわけではないのです。心の持ちようで十分に無関心でいられる違いなのです。したがって、最初から「決断後のプロセスはすべて同じである」と考えるのが最も良いでしょう。

　最も強力な方法はまさに「喜んで経験すること」です。

　つまり、Aを選択した時のプロセスであれ、BやCを選択した時のプロセスであれ、大きく区別せずに「すべてを喜んで経験しよう」という心構えです。簡単だとは言えませんが、できないことでもありません。他の選択肢もないのです。決断した後に「経験したくない〜」と言うことにどんな意味があるでしょうか？経験をためらうことも同様です。選択と決断を先延ばしにしたり躊躇したりしても、特に得るものはなく、むしろ実際には経験する必要のない困難や損失を被ることになります。ですから「その瞬間に必要な決断をすること」をわざわざ避ける理由はないのです。

　決断後のプロセスを経験するとき、私たちが持つべき良いマインドセットは次のとおりです。そもそもその不安と恐れは、以下のマインドセットが不足しているために生じるものでもあります。

　第一に、決断を後悔しないこと。適切な内省や分析はもちろん良い
ことです。しかし後悔はしないほうがましなのです。省察や分析は決断
後のプロセスに望ましい変化をもたらしますが、後悔は生産的な変化
なしに否定的感情だけを生み出し、エネルギーを奪うだけです。

　第二に、決断した後でもプロセスと結果を継続的に注意深く観察し
ます。これは不安や自信のなさからではありません。プロセスを継続
的に観察することで、自分の決断を完成させるのです。それによって、
将来の決断にも力を与えることになります。

　第三に、修正や方向転換が必要な時は最善を尽くします。これは自
分の決断を後悔したり無視したりするためではなく、前に進むためで
す。どれほど確信に満ちた決断であっても、その後の過程は常に変化
し続け、完全に確定することはできない。それは不可能なのだ。した
がって、決断後の適切な修正や方向転換を躊躇わないようにしよう。

　第四に、それでも忘れてはならないことがある。本当に特別な事情
が生じて既存の決断を覆したり中止したりしなければならない場合で
なければ、「最後まで既存の決断を維持する」ことだ。既存の決断を
非合理的に固守し、不合理な頑固さを示せという意味ではない。心を
強く持つということだ。あまりにも簡単に決断を覆したり、諦めたり、
中断したりすることを繰り返すと、意図せずに自分の決断に対する信
頼と自己信頼が弱まる可能性があるからです。また、私に対する他者
の信頼も揺らいでしまいます。本当に変えるべき時に変えることも勇
気ですが、そうでない場合には変えないことも同じく勇気なのです。

　「最後まで決断を維持すること」は一種の意識的なトレーニングで
す。このマインドセットは、決断を下す際に最大限慎重にさせ、プロセ
スの中でも常に最善を尽くさせ、どんな結果であっても喜んで経験す
るようにさせる支えとなります。

　これは「勇気」に関することでもあります。つまり「喜んで経験す
ること」とは「人生での経験に堂々と向き合う勇気」の別の表現なの

です。重要なのは、私たちが勇気を発揮するかしないかにかかわらず、決断の瞬間は常に訪れ、その瞬間に適切な決断を下すことが私たちにとって最も有益だということです。

　喜んで決断し、喜んで経験しようという勇気を持つためには、自分自身と状況全体の流れに対する信頼が必要です。自分を信じられずに決断をためらうケースも決して少なくありません。そんな時は自分に問いかけてみましょう。「私はどの程度まで誠実かつ合理的に決断の準備をしたか？」「決断した後も最善を尽くすことができるか？」

　ここで「はい」と答えられるなら、ためらわずに自分を信頼してみましょう。意図的にそう信じてみるということです。そして、状況の流れに対する信頼も持ちましょう。状況に対する信頼は、自分に対する信頼とは少し異なる部分です。運や運命のようなものを信じなさいという意味ではありません。自分ができる最善を尽くしているならば、もはや把握できない全体状況についても意図的に上手く流れていくと信頼することです。そうすれば心もずっと安定します。

　自分が本当にしっかり準備したのか、この決断で状況が適切に進むのか心配で不安になるでしょう。ここで発揮すべきなのが、かの「幻想に気づいて乗り越える」ことです。何か最善の選択があるだろうという幻想。決断の前も後も、自分が最善を尽くし続けることが確かならば、自分自身と状況を信頼しましょう。この信頼を基盤に、引き続き最善を尽くしていきましょう。

Summary

　意思決定の難しさは「最善の選択」という幻想から生じています。実際には、私たちの選択そのものが答えとなり、私たち自身が答えを創り上げていくのです。決断そのものよりも、その後に起こることを恐れる傾向があります。しかし、どのような選択をしたとしても、その後の過程は似たようなものです。重要なのは、決断した後のプロセスを喜んで経験し、後悔せず、必要な調整をしながら決断を最後まで維持することです。自分と状況を信頼し、勇気を持って決断することが核心です。

3.5 私たちは、あまりに急いで「最終的に正しく」ある必要はないのだ
： 「私が正しくなければならない」という焦りを克服する

　昔、新聞のコラムで見かけた一人の韓国人交換教授の話があります。大まかに次のような経験談でした。

　交換教授としてアメリカに渡った彼は、授業をひとつ担当することになった。受講生は大学生たちだった。一週間前に予め提示しておいた社会問題について、順番に自分の考えと解決策を述べ、討論する形式の授業だった。ある程度は標準的な内容と解決案がすでに出ているテーマだったので、教授は学生たちが容易に発表と討論を進められるだろうと予想していたという。

　驚いたことに、発表内容がどれもこれも中身に欠け、「本当に大学生なのか」と疑問に思うほど失望させられたという。韓国の学生たちであれば、様々な資料を事前に調べてまとめてきて、きちんと発表するだろうが、そのアメリカの学生たちはそうではなかったのだ。授業が半分以上過ぎても、意味のない内容を発表し議論するのを見ながら、教授はだんだん退屈になり、「いっそ答えを言ってしまおうか」と考えたそうだ。

　授業の後半に入ると、驚くべき変化が起き始めたという。とても整理できそうになかった内容が整理され始めたのだ。最終的には素晴らしい結論まで導き出された。既存の資料を参照していたら、導き出せなかったであろう結論だった。よく考えてみると、「つまらない」発表が進行している時、学生たちは何も行動を起こしていなかったわけではなかった。お互いの考えを共有し、それを基に自分自身の考えを再構築し、それを発表すると、さらにそれを基に継続的に整理しながら本質に到達していったのである。

　韓国の学生たちはこのような場合、既存の内容や正解を外部から探

し出して発表することが一般的である。内容は優れていますが、自分
自身で作り出したものではありません。もし突然テーマが変わったら、
自力でそのような結果を生み出すことはできないでしょう。それに対
してアメリカの学生たちは、最初は何が何だか分からないレベルから
始めるものの、最善を尽くして自分の考えを述べ、他の人々の意見を
自分のものとして吸収し活用することができました。さらには自分が
知らないことや自分と反対の意見までもです。

　つまり、思考し解答を得るために、自分のものだけでなく他者のも
のも共に活用することができたのです。自分が正しいということ、自
分が知っていることを主張することに急ではなく、効率的な方法で適
切な結論を導き出すことが自分と他者の両方のためであることを、頭
だけでなく身体でも理解していたのである。

　なぜ私たちはそれほど早く「唯一の正解」を決めようとし、また
「正解者」になろうとするのだろうか？

　正解はいつも固定されているわけではない。状況によって常に変化
していくものだ。その意味で、正解は定められた何かではなく、常に
動き続けており、「今この瞬間に最も適切で最善のもの」なのである。
何が今最も適切で最善なのかを求めるプロセスこそが、正解を見つけ
る過程なのです。

　正解を求める状況は大きく二つあります。ひとつは決められた時間
内に正確な答えを見つけなければならない場合です。このような時に
は当然、与えられた条件で最善の正解を見つけるべきです。重要なの
は速度とタイミングです。もうひとつは時間制約があまりない状態で最
善の答えを見つけることです。日常的にはこのような場合の方が多い
でしょう。もちろん、だからといって無限に時間をかけるわけではあ
りませんが、この場合に重要なのは正解の「内容」であり「速度」で
はないのです。

　問題は、明らかに二番目の場合においてさえ、あまりにも性急に、
あるいは強迫的に「最終的に正しい答え」を言おうとする時です。し

かし実際には「正しい答えを求めること」よりも「私が正しい」とい
うことをできるだけ早く、できるだけ強く主張したいという欲求なの
です。私たちはつい「素早く答えを出す人」になりたがります。
　ここには三つの欲求が混在しています。「素早く」発言したいとい
う欲求、「正しさ」を主張したいという欲求、そして最後に「自分自
身」を強調したいという欲求です。これは主客が逆転した状態なのです。
本来目標とすべきものは消え失せ、見当違いのものが目標となってし
まったのである。権威的な意思決定者や一部の特定の人だけに限られ
た問題ではない。この社会に属する私たち全員の共通課題なのだ。
「私は問題ないのに、あなたが問題なのよ。あなたの態度を改めなさ
い」という姿勢のことである。
　SNSが発達した現代は、この現象を観察するのにより適している。
最近、オンライン上で過熱したいくつかの社会的問題を思い浮かべて
みよう。文化的な問題もあれば、著名人に関連する問題もあるでしょ
う。またあるものは政治的・経済的問題であり、あるものは宗教的問
題であったでしょう。さらに歴史的問題も倫理的問題も存在していた
はずです。
　これらの問題について、私たち個人や社会全体がいかに「性急に最
終的な正解」を求めようとしてきたか、一度立ち止まって振り返って
みましょう。私と知人だけに関わる個人的な事案についても同様です。
規模は異なりますが、まったく同じ現象が見られるのです。SNS上での、
職場での、学校での、様々な共同体での、家庭でのすべての誤解と早ま
った断定、作り出される噂と偏見、そして続く相互不信と心の傷…。
　文章の冒頭に登場した交換教授の経験のように、私たちに必要なの
は、できるだけ多くの立場に耳を傾け、状況を把握し、資料と情報を
収集した上で、最も適切な「結論、正解、判断、選択」を導き出すこ
とです。このようにすることが、自分自身にとっても最も有利であり、
利益になるのです。最小限の情報と視点だけで導き出す答えと、最大
限の情報と視点を持って導き出す答えのうち、どちらがより効率的で
適切かは言うまでもないでしょう。

　通常、私たちはどのように行動するでしょうか？「今」自分が知っ
ていることだけを基に、とりあえず早く答えを出そうとします。まだ
何も理解していないのに、最初の印象や初期の推測だけで「最終的な
結論」を出してしまうのです。まるで誰が正しく誰が間違っているの
か、何が適切で何が不適切なのかを即座に判断できないと、何か間違
ったことをしている、あるいは自分に問題があるように感じてしまう
のです。情報をさらに集め、異なる意見を聞こうとすると、どこか不
足しているように感じてしまう。他者に対しても同様の見方をしてし
まう。何かが足りないから迅速に決断できず、正解を見出せないのだ
と感じる。これは長年受けてきた社会的洗脳の結果であり、歪んだ文
化の影響なのだ。それが正しい方法や良い方法だからではなく、そう
することが身体と心に馴染んでしまっているのだ。しかし注意すべき
は、馴染んでいることが必ずしも正しいことではないということだ。
　さらに問題なのは、後から集められた主張や資料からも、自分が
「きっとそうだろう」と予測した色合いに合致するものだけを見るよ
うになってしまうことだ。他の主張や反対意見は意図的、非意図的に
無視してしまいます。見ても見なかったことになるのです。内容や資料
をありのままに認識できず、受け入れられないのです。その結果、既存
の答えは変わりません。自分が定めた「正しさ」が新しい情報によっ
て変化するプロセスが起こらないのです。私たちはすでに「最終的な
答え」を決めてしまっているのです。その後の情報収集過程は一種の
形式的な手続きに過ぎないのかもしれません。
　しかし、そうではありません。早急に最終的な答えを決めないこと
は、決して「能力が足りない、知識が不足している、理解できていな
い」からではないのです。適切で良い答えを導き出すためには、誰も
が十分な情報と熟考の時間を持つべきです。これなしに正しい答えを
出せる人は誰一人としていません。そして、迅速な決断が必要な特殊
な場合を除いて、それにかかる時間と労力は決して無駄ではありませ
ん。費やした分だけ自分に有益で有用な結果をもたらします。

- 最も有益な正解を見つける方法

　戦後(戦後)数十年の間、私たちの社会は素早い正解と素早く答えられる人々を必要としてきました。それはひとつの能力でした。与えられた時間内に最も適切で効果的な答えを見つけ、主張し、実行すること。そのおかげで非常に速く発展することができたのです。

　歪んだ儒教文化と異常な軍隊文化の影響も少なくありませんでした。偏った家父長的文化も同様でした。このような場合は「速さ」の問題というよりも、多様性と配慮を考慮しない文化、そして過度に敬われる「決定権者の権威」などが問題なのです。つまり、その決定や選択、正解が最も適切で効果的だからではなく、社会的に認められた「決定権者」が下したものだからこそ、即座に服従し、画一的に実行されていたのです。意思決定者の能力が不足している場合でさえも同様です。

　このような文化では、正解を決める過程が極めて独断的で主導的であることが求められていました。私自身、あるいは私のグループができるだけ早く答えを出して主張しなければなりませんでした。他者が提示した内容、資料、解答は聞くことも考慮することもありませんでした。そのような時間はなく、心の余裕もなかったのです。そのような意識、そのような文化ではなかったのです。そのため、他の内容や答えを喜んで聞き入れ、自分のものとして消化し、より完全な自分の答え、あるいは私たちの答えを作り上げる訓練ができませんでした。私たち全員がそうだったのです。

　過去には今よりずっと単純で、競争相手も多くありませんでした。文化的にも容認され、何よりもそれが馴染みのあるものでした。迅速な決断と一糸乱れぬ行動は極めて効率的でした。

　しかし、世界は変わりました。

　私たちの社会のあらゆる分野が言葉では表せないほど複雑になり、国際社会での競争相手も増えました。私たちを追い越す国も現れました。それに伴い、もはや「過去のやり方」は通用しなくなりました。

　これだけではなく、歪んだ儒教文化、軍隊文化、家父長制から脱却すべき理由は明らかです。そのような文化は結局、私とあなた、私たち全員を苦しめるからです。一言でいえば、それは未成熟の文化だったのです。可能であれば最初から、始めからもっと成熟した効率的な「正解づくり」の文化を構築すべきだったのです。時代が変わったからそうすべきなのではなく、そもそもそうあるべきだったのです。

　まずは「最終的な正しさ」を少し保留しましょう。「最終的な答え」を性急に確定せず、余裕を持ちましょう。

　そのためには、自分が「正しさと答え」を決める既存の方法とプロセスを注意深く観察する必要があります。自分の中に誤りがないか検討すべきです。その誤りとは、あまりにも「早く」答えを決めてしまおうとすること、そして「私はすでに答えを知っている」と強く信じ、主張したがることです。つまり「私はすでに正しい」ということを目的としているのです。外に直接表現しなくても、内面では自分自身がそのような感覚を持ちたいと願っています。「私はすでに正しい答えを知っている」と自分で信じたい心理。そうでなければなんとなく不安な気持ちになってしまう。

　これらすべては結局「自己」を主張したいという誤りにつながります。自己を主張すること自体が悪いわけではありません。「最大限に効率的で正確な答え」が必要であり、それが本来の目的なのでそこに集中すべきという意味です。そして「慣れ親しんだものを正しいとみなす誤り」も十分に注意すべき点です。

　私たちの目標は「最善の意見と考えと正解」であり、「私と私の主張が無条件に正しい」ことではないのです。この二つを混同しないようにしましょう。私たちの考え、意見、正解を「自分自身」と同一視し、自尊心と結びつけ、それを守ろうとするパターンを自覚しましょう。「自己」をそのような形で守ろうとする無意識的な欲求に向き合いましょう。

　実際の問題解決が必要な場面では、このような欲求はまったく役立ちません。むしろ害をもたらすことの方が多いのです。最終的には、自分自身と他者の両方に苦痛と被害をもたらします。私たちが真に必要なのは、「誰が正しいか間違っているか」を急いで判断したり競い合ったりすることではなく、「自分が正しい」と急いで証明することでもありません。私とあなたを含む私たち全員のために、効果的で正確な意見、考え、解答を共に導き出すことが大切です。

　私たちは、性急に「自分が正しい」「絶対的な正しさ」を主張しようとするのをやめましょう。その時々に自分が考え、主張できる「正しいこと」をお互いに自由に語り合い、分かち合いましょう。自分の自由な表現を認め、同時に相手の自由な表現も尊重しましょう。このように互いに対話を続け、相手の言葉に耳を傾けながら自分の考えを修正していくと、自然と徐々に心の均衡が取れるようになります。そのような十分なプロセスを経て掴んだ中心軸を再び共有することなのです。そうすれば、より完全な新たな中心が形成されます。このプロセスが継続的に向上し、繰り返されていくのです。

　そして同時に、各自が「途中段階で正しいと感じること」を最善を尽くして主張しましょう。それが自分自身と相手の両方の成長につながります。プロセスの途中だからといって、曖昧に考えたり躊躇したりする必要はありません。その瞬間、その段階で正しいと思えるならば、それを明確に表現すればよいのです。「今の私の最善の考えと答えはこうです」と。そうすることで、その段階で最も適切な中心が形成されるのです。急ぎの用事や優先順位が必要な事柄は、その状況に合わせて対応すれば良いのです。必ずしも「最終的な正しさ、究極の正解」でなくても、各状況に最善となる「その状況、その段階での小さな最終的な正解と正しさ」を作り出し活用しましょう。やるべきことは全てやりましょう。

　そうする中で、それが最終的なものではないことを常に認識しましょう。絶対的で完全なものではないことを自覚しましょう。あえて急いでそれをすべてとして、最終的なものとして扱わないようにしましょう。そうすることで、より良い答え、より適切な選択、より良い結論を継続的に見つけることができるのです。このような流れを共に歩み、お互いを信頼し合いましょう。そうすれば自分自身と周囲のすべての人に利益をもたらします。

Summary

「最終的な答え」を性急に求めてはいけません。その代わりに、多様な視点に耳を傾け、情報を収集し、状況を十分に理解するプロセスを経るべきなのです。初期の判断に固執するのではなく、新しい情報に対して常にオープンな姿勢を持ち続けることが大切です。「自分が正しい」と早急に主張するよりも、皆にとって有益な解決策を見つけることに集中すべきです。各段階で最善の考えを共有しつつも、それが最終的な答えではないことを認識し、継続してより良い結論を探していく姿勢が重要です。

3.6 悪い性格などない、未熟な持ち主がいるだけだ
：性格に圧倒されず性格をコントロールする

　多くの人が性格の問題で悩んでいます。内気であれば内気なりに、大胆であれば大胆なりに、否定的であれば否定的なりに、肯定的であれば肯定的なりに、それぞれが悩みの種となります。もちろん性格にはそれぞれ長所と短所があるため、問題ばかりというわけではありません。どうしても短所により気を取られがちなので、悩みも生じてくるものです。この悩みが固着すると、ともすれば人生のエネルギーを奪われかねません。

　時には特に悩むことなく生まれ持った性格のままうまく生きている人もいますが、こういった人たちでさえ例外なく陥っている罠があります。それは「性格と自分の同一視」です。そのため、ある時点では否応なく性格に縛られ、性格のために限界を感じるようになるのです。

　性格に関しては、ただ一つの解決策しかありません。自分の性格に埋没して苦しみながら生きていくのか、それとも自分の性格の主人として征服し、上手く活用しながら生きていくのか。私たちの目標は当然、後者です。

- 自分の性格に埋没せず、主人として征服すること

　性格が生まれつきのものなのか、環境と成長過程で形成されるものなのかについては、様々な意見があります。最新の脳科学研究においても、およそ50対50の構図が示されています。生まれ持った素質に、養育と環境の影響が加わるのです。実際に私たちは、生まれ持った性格や性向の基盤がおおよそどのようなものかを理解しています。そして人生を歩む中で変化する部分もありますが、一方で生まれ持った肌の色のようになかなか変わらない部分があることも感じます。

　ある意味で性格とは、各自が生まれ持つ髪の色、肌の色、運動神経、

歌唱力、描画能力などが異なるのと同様のものかもしれません。良い
か悪いか、優れているか劣っているかなどではなく、「ただ互いに異
なるもの」なのです。世の中のすべての人が同じ性格の主導型である
か、あるいは逆にみんなが臆病型であれば、おそらく地球はとっくに
滅亡していたでしょう。それゆえ、すべての性格はそれ自体で存在意
義があるのです。全体をバランスよく調和のとれたものにする役割を
果たしています。

　生まれつきの要素が強いか後天的に形成される要素が強いかに関わ
らず、いずれにせよ私たちは結果的にそれぞれ固有の性格を持つよう
になります。そうであれば、すでに形成された自分の性格について悩
むだけでなく、その主人として征服しなければなりません。それが簡
単ではないからこそ問題なのです。

　これを助ける二つの洞察があります。前述した内容を再度整理した
ものといえるでしょう。これを自分のものにしてみましょう。

**　一つ目の洞察、性格は私自身ではありません。私が使う人生の道具
なのです。**

　「私」とは無数の要素が合わさって作られる存在です。またその全
ての要素を含みながら、それ以上の存在でもあります。それら全てを
包含しているからです。過去の経験、記憶、学歴、成長過程、外見、
スペック、能力、知人たち、親、宗教、知性、自分に対する自己イメ
ージ、他者と自分自身の評価、名前、そして性格まで。これらすべてを
合わせたとしても、それが「私」になるわけではありません。私はど
んな要素にも、そのすべての要素の総和にも、決して制限されず限定
されないのです。また、いくつかの要素がなくても、さらにはすべて
の要素が消えたとしても、私は堂々と誇り高く、依然としてこのよう
に存在することができるからです。今、一度それらすべてを消してみ
ましょう。何も自分に残っておらず、ただこのようにすべてを認識す
る意識としてのみ存在していると想像遊びのようにしてみてください。
どうでしょうか？何も問題ありません。何も起こりません。

　想像だからそう思えるのですが、実際に私の過去、経歴、記憶、能力、親、知識などが消えたら、私は無価値になるのではないか、大変なことになるのではないかと反論するかもしれません。しかし、そのような心配こそが想像であり幻想なのです。そのようなものが自分を支配し、自分の価値を決定すると信じるときに生じる幻想です。もちろん、記憶や所有物、過去などが消えてしまえば、以前と完全に同じ状態にはならないでしょう。しかし、ここで言及しているのは、どのような内部や外部の条件にも関わらず、このように存在する「自分自身」のことです。この堂々とした、正々堂々とした存在感の感覚のことです。これは自分自身以外には、誰も、何も、どうすることもできません。私が自ら消し去ったり弱めたりしない限り。

　実際の現実では、世界は「条件」を持って絶えず私を規定しようとし、価値を付けようとし、意味を与えたり奪ったりしようとします。さらに私自身さえも、自分に対してそのような態度をとっているのです。他者が私をそのように判断していると思うかもしれませんが、彼らの判断を受け入れるかどうかを決めるのは私自身であり、決して彼らではありません。その決断を最終的に許可するのは、私自身なのです。しかしそれに気づかず、他者や世間が自分を決めると信じている人が多いのです。決してそうではありません。

　他のすべての要素や条件と同様に、「性格」も私を決定する要素ではなく、私自身はなおさらそうではないのです。しかし、私たちはどれほど強く「性格=自分」だと考え、感じ、信じているだろうか。この事実に気づく必要がある。性格とは、髪の色、肌の色、声のトーン、身長、体重などと同様に、単に私が生まれ持ち、上手に活用して生きていくひとつの「道具」に過ぎないのだ。

　さらに言えば、性格には種類があるだけであり、優れた性格や劣った性格などというものは存在しない。あるのは、その性格を私がどれだけ上手に活用できるかという違いだけである。もし自分の性格に馴染めていないか、うまく活用できていないと感じるなら、より上手に活用できる方法を見つけて努力すればよいのです。世の中にはそのような方法が数多く紹介されています。これらを習得して、まるで自分の手足のように自然に扱えるようになることが大切です。この部分が出発点であり、核心なのです。これができず、「性格は私そのものである」という信念にこだわり続ける限り、変化は遠いままでしょう。

　第二の洞察、自分の性格タイプを把握し、受け入れ、活用しましょう。弱点として見て補おうとするのではなく、性格そのものを強みとして活かしていきましょう。

　道具として性格をうまく使い活用するには、まず自分の性格を正確に把握する必要があります。多くの人が自分の性格は自分自身がよく理解していると思いがちですが、実際にはそうでないケースが少なくありません。自分の性格を把握するということは、自分自身を他者のように客観的に知り、理解することでもあります。

　もし性格の問題で悩んでいるのになかなか解消されない場合は、まずその事実を素直に認めることが大切です。「ああ、私は自分の性格をよく理解していなかったのだ！」ということです。もし本当に理解していれば、そこまで解決できないはずがありません。「知らないことを知らないと認識すること」が核心的な鍵なのです。

　自分の性格を把握する方法はさまざまあります。一般に紹介されている性格分析システムを使用して自分のタイプを知ることも実用的な方法です。あるいは心理カウンセリング機関や精神科、コーチング相談所などで提供される性格検査システムを利用するという方法もあります。このような性格システムを過信してはいけませんが、無視する必要もありません。ただ「ああ、こういうものがあるのか。私の性格をだいたいこのように解釈できるのだな」という程度で十分です。それらもまた「道具」ですので、与えられるままに受け入れるのではなく、自分が主体となって能動的に情報を取捨選択し、解釈し、応用し、活用するとよいでしょう。

　一般的によく知られ使用されている性格タイプシステムには、MBTI、DISC（ディスク）、エニアグラム（Enneagram）などがあります。もちろん、その他にもさまざまなツールがありますが、まずはこの3つから始めていきましょう。インターネットで検索すると、リアルタイムで検査を提供しているウェブサイトも少なくありません。無料検査を利用する場合は、できるだけ質問項目が多いものを選びましょう。そうすればより正確な結果が得られるはずです。

MBTIシステムを例として挙げてみましょう。エネルギーの方向に基づく「内向的(I)-外向的(E)」、認識の主な方法による「直観(N)-感覚(S)」、判断基準による「感情(F)-思考(T)」、行動様式による「認識的(P)-判断的(J)」に分類し、これらを組み合わせて計16種類の性格タイプに分類します。例えば4つの基準から選んだ自分の性向が「内向-直観-感情-認識」的であれば「INFP」タイプとなります。ここで重要なのは英文による性格タイプではなく、自分は内向的であり、認識する主な方法は直観型で、判断する方法は感情型、そして生活様式は認識型であるということを理解することです。

4つの領域において自分と反対のタイプの特性も把握すると非常に有益です。通常、私たちは自分の性格や性向だけを知っていて、他者がどのような感情、性向、反応、思考を持って行動しているかを理解していないことが多いのです。このような性格タイプシステムを理解すれば、他者がなぜそのような行動をとるのかを判断できるようになります。

一度の検査だけでは、自分の性向や性格が正確に把握できないこともあります。その場合は、複数回試すか、別の検査方法を試してみるとよいでしょう。継続していくうちに、各システムがどのように性格を分類しているのかをより深く理解できるようになります。また、人間は単一の性格タイプだけを持っているわけではありません。つまり、私自身にも「内向性」と「外向性」の両方の要素が存在し、「直観」と「感覚」の要素についても同様なのです。ただ私がより好んだり主に使ったりするものはありますが、一人の性格にはさまざまな要素が共に含まれていることを理解しましょう。

　特にどんな性格でも固有であり、それぞれに強みがあるため、少なくとも性格に関する限り弱点として見て補おうとせず、それ自体が強みになり得ると考え、それを活かす方向に進むべきです。考え方からそのように持つべきなのです。

　例えば、

　「神経質または敏感である」のではなく、「繊細である」のです。

　「荒々しい」のではなく「大胆な」のである。

　「慌てふためく」のではなく「機敏な」のである。

　「臆病な」のではなく「慎重な」のである。

　「見栄を張る」のではなく「健全な自尊心を持つ」のである。

　「詮索する」のではなく「分析的である」のである。

　「弱々しい」のではなく「友好的で温かい」のである。

　「はしゃぎ過ぎる」のではなく「活発で表現力に富む」のである。

　「内気である」のではなく「思索的である」のである。

　「厳格」なのではなく、「正確」なのである。

　「冷たい」のではなく、「平静」なのである。

　「無情」なのではなく、「客観的」なのである。

　なぜ弱点を補うのではなく強みを強化する方向に進むべきかというと、本来、性格には弱点などというものは存在しないからである。ただ当事者がそれをうまく活用できるかどうかという問題があるだけである。どのような性格やその要素であっても、適切に活用すれば強みとなる。したがって、うまく活用できないものを「弱点」などと呼んで執着する必要はない。それは時間の無駄である。単にその特質を本来の長所に転換させればよいのです。後ほど説明する「自分を超えること」もその一つの方法です。そして上述したように、性格の特徴を「弱点」という用語や概念で捉えるのではなく、「強み」という用語や概念で意図的に捉え直す戦略を用いるべきです。私たちの性格は本来、自分自身の強みなのですから。

- 自分を超えた時、性格の主人となる

　前述でも何度も強調したように、性格は「私」そのものではありません。多くの場合、私たちは自分の性格を自分自身と同一視し、それがどうしようもないものであるかのように受け入れてしまいます。他者に対しても同様です。しかし、繰り返しになりますが、気質や性格は私が使用する「道具」に過ぎないのです。

　このように自分の性格を使いこなして生きるか、それに埋没して生きるかは、「自分を超越できるかどうか」によって決まります。

　言葉は大げさに聞こえますが、実際には複雑でも大したことでも特別なことでもありません。それは「既存の自分に課せられたいかなる制限によっても、自分を縛ったり閉じ込めたりしない姿勢」なのです。自分自身であれ他者であれ、私について定義したり断定したりする時があるでしょうが、それらの内容を生きていく上で必要な一つの「情報」として利用することはあっても、「私の全て」あるいは「絶対的事実」として見なしたり受け入れたりしないことです。

　私という存在はいかなる限定や制限にも縛られず、そのようなものがなくても常に今のように堂々と余裕をもって存在するという事実に気づくことです。

　このように自分を超越するとき、私たちの固有の気質はどのように変化し得るのでしょうか？説明をわかりやすくするために、DISC（ディスク）性格システムの4つの気質論を取り上げてみましょう。

　DISCの各文字は「主導型（Dominance）、社交型（Influence）、安定型（Steadiness）、慎重型（Conscientiousness）」の4つの性格タイプを表しています。自分を超える前と超えた後で、同じ性格がどのように変化するかを見てみましょう。

　主導型（D）の場合、自分を超える前は主導的な性格を自分のすべてだと考え、それから抜け出せないと思うため、「あらゆる状況」を支配しようとします。自分が正しいか間違っているかは関係ありません。誰かに従うことは許容できず、そのような状況に適応することもでき

ない。他者が主導権を握ると、なぜか間違いが起きそうで、うまくいかないような不安を感じてしまう。

　自己を超越した後には、主導する気質が自分のすべてではないことを理解できるようになる。必要な時には主導するが、そうでない時には主導しない姿勢を持てるようになる。まず主導したい衝動が生じるが、これは単に自分の「気質的な反応」に過ぎないと気づき、その衝動を止めることができるようになる。主導できないことで不快感や不安を感じても、これも自分の気質的な自動反応に過ぎないと理解しているため、それ以上の反応は生じなくなる。時間が経つにつれて、「主導的な気質」を適切に使うべき時とそうでない時をより明確に区別し、適用できるようになります。

　社交型(I)は「表現型」とも呼ぶことができます。自分が感じること、言いたいこと、行動したいことをすべて表現しなければ生きている実感がなく、気が済みません。そうすることが正しいと感じるのです。

　自己を超越した後には、表現力や活動的な性向もただひとつの存在様態に過ぎないことに気づくのです。もちろん表現は生命の声であり、表現しないよりも表現する方が良いと考えますが、これにも適切な時と不適切な時があることを区別する必要があります。そうして良い表現と良くない表現を見分けられるようになります。表現そのものよりも、それを通じての有用性や実効性、意味を理解できるようになります。また、自分自身を表現するだけでなく、他者の表現も受け入れることができるようになります。「私」の価値や意味は「私の表現」とは別の、固有のものであることも理解できるようになります。表現に埋没するのではなく、それを道具として使いこなすことができる。

　安定型(S)は、概して友好的で平和的であり、順応しようとする傾向がある。普段は問題にならない性向だが、状況を主導したり自己主張したりする必要がある場合には、物事が進まなかったり関係性に問題が生じたりすることがある。自分なりに注意を払ったつもりで、何も間違ったことをしていないのに、なぜ他者から批判されるのか理解できないでいる。

　自己を超越した後には、安定型は「単に私の気質の一部に過ぎない」ということを理解するようになる。ですから、少し不快に感じても、状況を主導したり自己表現したりする必要があるときは、そうするのです。もちろん自分の心は楽ではないでしょうが、この不快感は単なる感覚に過ぎず、それ以上の意味がないことを理解しています。重要なのは状況をいかに上手く対処し、関係性をいかに意味あるものにするかであり、友好的な状況を好む自分の気質ではないことを認識しています。そのような友好的な関係性や状況が、常に良いものであったり望ましいものであったりするわけではないことも理解しています。

　慎重型(C)は「分析型」とも呼ぶことができます。何事にも慎重であり、すべてが論理的で合理的でなければならないと考えます。週末の余暇活動に出かける際も、持ち物とスケジュールを完璧に組み立てておく必要があります。抽象的なものや曖昧なものは受け入れることができません。常に答えは明確に定まっており、私はそれを把握しています。このように体系化され、正確かつ緻密に構成されていない、あるいは準備されていないものはすべて誤りであるか偽物です。問題は不必要な場合にもこれを固守してしまうことです。

　自己を超越した後には「完璧さ」とはひとつの設定に過ぎないことを知るのです。本来存在するものではなく、「必要性」と「有用性」によって作り出されたものであることを理解します。自分の気質は、それが必要な時に役立つひとつの道具であることを認識します。必要な時には自分の気質を発揮して細部まで吟味し、構成し、積み上げていきますが、必要のない時には厳密な段階や順序にこだわらない柔軟さも持ち合わせています。そうすることが心地よくなくても、それは単に私の心の自動反応であり、実際の状況とは関係ないことを理解しています。

　私たちの目標は、自分がどのような気質と性格を持っているかを十分に理解し、その長所と短所を正確に把握して、長所と強みを最大限に活かすことです。　さらに最終目標として掲げるべきは、気質と性格そのものにとどまるのではなく、それらを超越して自分自身が主体となることです。そして「自己を超越して」自分と気質の両方を支配する主体になることです。自分自身を超越することこそが、性格と気質を克服し、乗り越える最も確実な方法なのである。

　何か壮大な行為をしなければこのように変化できるわけではない。むしろその逆である。つまり自分の性格を資源として活用し、それ自体が長所として発揮されるように変えていけばよい。それこそが自分を超越することなのだ。だから変化を待つのではなく、自ら変化していこう。変化しようと努力するのではなく、変化そのものを選択しよう。

Summary

　性格とは私たち自身ではなく、人生において使用する道具なのである。性格に良し悪しはなく、重要なのはいかに上手く活用するかということです。自分の性格を理解し受け入れ、弱点ではなく強みとして捉えるべきです。性格タイプを分析するツールを活用して、自分自身を客観的に理解することが助けになります。究極的には、性格を超越してその主人となることが目標です。これは性格の特性を強みへと変化させるプロセスを通じて実現できるのです。

3.7 人生の本質は内容ではなく、活用にある
：ヴィトゲンシュタインの知恵

　2015年9月、インターネットで感動的な話に出会いました。2014年11月にエクアドルで開催された「冒険レース世界選手権大会」に参加したスウェーデンの4人チームと野良犬の物語を扱ったものでした。

　「この大会は毎年開催され、トレッキング、マウンテンバイク、カヤックなどの極限スポーツを通じて10日間で約700kmを移動し、最も早く完走した者が勝者となります。」

　スウェーデンのチームはこの大会のためにあらゆる努力を傾けて訓練した。競技中、道で痩せこけた犬を見つけたチームは、見過ごすことができずミートボールを与えた。犬はチームについて回るようになった。険しい山道や泥濘の中でも、チームは犬の安全を心配して引き離そうとしたが、犬は決して離れなかった。57 kmの川をカヤックで渡らなければならない最終区間で、チームは犬に別れを告げた。船が出発するのを見た犬が川の水に飛び込みました。チームはその犬をカヤックに乗せることにしました。その後、彼らは犬と一緒にペースを落としながら競技を進め、最終的に12位でフィニッシュしました。1年間の厳しいトレーニングと競技結果も重要でしたが、賞の代わりに大切な友達を得たことを後悔していないと語りました。犬はチームと一緒にスウェーデンに戻り、チームメンバーの一人の家族となり、この犬には「アーサー」という名前が付けられました。

　ヴィトゲンシュタインという哲学者がこのような言葉を述べたとされています。「言語の本質はその意味（内容）にあるのではなく、その活用にある」

　今や私たちは彼の言葉を受けて、次のように拡張して宣言することができます。

　「人生の本質はその内容にあるのではなく、その活用にある」

　1年間準備した世界大会。「内容」を優先するならば、一生懸命準備
した分だけ最善を尽くし、最高の成績を収めなければなりません。通
常、それが常識でもあります。しかし、スウェーデンチームにとっては、
固定された「内容」、つまり優勝や良い成績などが大会参加の本質で
はなかったのです。彼らだけでなく、すべての大会参加者にも同じこ
とが言えます。つまり、大会の本質は優勝や良い成績にあるのではな
く、この大会を通じて何を経験するか、この大会がどのように活用さ
れるかにあるのです。
　私たちの人生、さらには私たちの存在性もそのようなものです。
　私たちは人生が、あるいは自分自身が何か決められた内容で満たさ
れなければ意味がある、完成すると考えてしまいます。個人的にそし
て集団意識的、社会文化的に決められた数多くの「内容」はいつの間
にか宗教に匹敵するほど強い信念となって私たちを閉じ込めます。私
たち自身が自らを閉じ込めているのです。それを作った主人が、自ら
それに閉じ込められるのである。そのような人生の内容、私の内容は
一体誰が決めるのだろうか？絶対的に決まった答えなど存在するのだ
ろうか？
　存在しない！

　いったい誰にそれを決める資格があるというのか？
　他者などに？世間などに？
　誰にも決めることはできない。
　便宜上決めることはあっても、それは利用するだけであり、決して
それだけに限定されることはない。
　それは「私自身」によってさえも。

　何を成し遂げ、何を成し遂げられなかったか、どんな人間になれた
か、なれなかったかなどは、ただの「内容」に過ぎない。そして人生
の本質は、その内容にあるのではないのだ。内容は単に人生を活用す
る一つの手段に過ぎません。唯一でも絶対的なものでもないのです。

私たちはできる限りすべてを試し、成し遂げようとするでしょうが、
それらすべての内容は目的ではなく手段に過ぎないのです。
　生きていき存在していれば、自然と内容が作られ、積み重なってい
くでしょう。しかし、人生と存在において「それだけが意味がある」
と定められた内容などありません。内容は確かに作られますが、経験
した後には流し去るだけなのです。その選択は他の誰でもなく私自身
がするものです。それが私たちの人生です。それが私たちの存在性なの
です。

　どんな内容でも創り出すことができながら、
　同時にその内容に囚われないこと。

　内容を能動的に選択すること。
　内容がただの内容に過ぎないと知ること。

　私はその内容に執着しないこと。
　そして人生を活かすこと。

　そして
　さらに「私」も内容であるため
　もし可能であれば
　「私」さえもうまく活用することに集中すること。

Summary

　人生の本質は内容ではなく、活用にある。私たちはしばしば人生が特定の内
容で満たされてこそ意味があると考えがちだが、それは私たちを制限するだけ
である。人生の内容は絶対的でも固定されたものでもなく、私たちが選択し活
用するものなのです。重要なのは内容を創り出しながらもそれに縛られず、内
容が単なる内容に過ぎないことを認識することです。究極的には、私たちは人
生、そして「私」自体さえも活用の対象として捉えられるようになるべきです。

3.8 ある日ふと「自分」を見つけた少女の物語

：すべての名前を超えて - 真のアイデンティティを受け入れる

一人の少女がいました。
そしてお母さんがいました。

不幸にも、心を痛めていたお母さんは
幼い頃から少女をこのように呼んでいた。

「ダメな子、
怠け者の子、
生意気な子、
自己中心的な子、
無知な子、
狡猾な子。」

幼い頃から聞いていたお母さんの声は
少女にとって絶対的なものだったため
それ以外のことを考えることができなかった。
そしてそれらはそのまますべて自分自身の考えとなった。

少女の人生は当然のことながら苦しいものだった。
特に他の人との関係性を築く時には
自分が信じる自己像は
彼女に多くの苦痛を与えていた。
しかし、それが当然だと思っていた。
自分で認識する自分の姿がそうだったから。

そんなある日

少女はふと疑問に思った。
「私が私だと思うこれらの名前は
本当に私なのだろうか？」

徐々に
幼い頃のお母さんの声が絶対ではないことに気づき
その気づきがある臨界点を超えた瞬間
疑問を抱いたのである。

何かを否定する「否定の疑問」ではなく
すべての否定を打ち破る
「大肯定の問い」だった。

そしてついに
彼女は気づいたのだ。

「お母さんが私に貼り付けたレッテルは
私の本当の名前ではなかった！
それは本当の私ではなかった。
私の本当の姿でもなかった。
それらは私を制限し、限定することなどできない。
私はそのような名前で決めつけられ、定義される存在ではないの
だ！」

その瞬間、
彼女は自由になった。

いや、自由になる必要すらなかったのだ。
なぜなら、もはや閉じ込められるものなど存在せず、
どこかから脱出したり、出てくる必要もないことに気づいたからだ。

わかっていたからです。

ただそれらすべての過去の名前、自己イメージ、
自分の姿だと信じていたものが
「心を痛めたお母さんが避けられない限界の中で
私につけた言葉に過ぎない」ということを知るようになり
それらすべての名前が飛んでいってしまったのです。

消さなければならないものではなく
「あっても構わない」ものになったのです。
それらの正体が何かを知っているからです。
何でもないということを知っているからです。

そして少女は自分の本来の姿を見つけました。
過去のすべての否定的な名前から
自由になった。

すると、さらに驚くべきことが起こった。
少女が過去のように名前を必要としなくなったのだ。
なぜなら、もはや自分が
「単なる名前」として存在する必要がないことに
気づいたからである。

過去の否定的な名前だけではなく
どんなに良い名前であっても
無限に自由に存在している自分につけて
それに自らを閉じ込めた瞬間
無限の自分は狭い名前の中へと
縮こまってしまうことに気づいたからである。

少女は今や
何の名前も付けなくても
とても自然で、堂々として、柔軟で、
充実していて、満足していて、愛らしく、
誇らしい自己存在を満喫した。
ただ享受し、味わい、楽しみ、許容し、受け入れた。

すべての名前を拒否するのではなく
否定的な名前であれ肯定的な名前であれ関係なく
有用で必要な名前があれば自由に使った。

時には単に「私」になり、
時にはお母さんになり、
時には妻になってあげた。
時には助ける側となり、
時には助けられる側となった。

そうしながら
それらの名前とは関係なく
常に本来の存在であり続けた。

すでに、本来、常に、自ずと
自然に、堂々と、
柔軟に、充実して、
満ち足りて、愛おしく、
余裕をもって。

Summary

ある少女が母親から与えられた否定的なレッテルに縛られて生きていたが、ある日それらが自分の真のアイデンティティではないことに気づく。彼女はあらゆる名前やラベルを超越して自分の本質を発見し、どのような名前にも縛られることなく、自由かつ自然に存在する術を学ぶ。彼女は必要に応じて様々な役割を担いながらも本質的な自我を保ち、自分の存在を自信を持って受け入れ、楽しめるようになる。

第4章 心の傷、経験しないことではなく、大したことではなくなること

4.1 心の傷は、取り除くものではなく、受け入れて乗り越えるものだ

：受け入れて乗り越えること - 癒しの真の意味

　心に一度も傷を負ったことのない人はいない。人と人との関係性とは、素肌で茨の藪を通り抜けるようなもので、関係性があれば、どのような形であれ必ず心の傷も生まれるものです。そして、その心の傷の時間は現在も流れ続けています。

　主に心の傷を受けることが多いですが、本意ではなくても与えてしまうこともあります。特別な意図や意志がなくても、何かの拍子に、状況によって、あるいは構造的に発生することもあります。一方が不注意だったり無関心だったりして心の傷を与えることもあれば、一方が敏感だったり繊細だったりして心の傷を受けることもあります。もちろん、両方に問題がある場合もあります。

　日常で比較的些細なやり取りで生じる心の傷がある一方、強い精神的トラウマとして残る傷もあります。被害者が受ける「身体的、情緒的、思考的、状況的」な衝撃や攻撃、暴力もかなり大きなものです。このような経験をした場合、いつの時点であっても必ず心理的癒しが必要ですが、多くの人々は特別な癒しを受けることなく一生その傷を抱えて生きていくこともあります。脳科学研究によれば、幼少期に受けた激しい心身への暴力や虐待、衝撃は脳に影響を与え、うつや不安などの症状として生涯にわたって続くとされています。したがって、可能であれば専門的な援助を受けることをお勧めします。

　他人から見れば些細なことでも、当事者にとってはトラウマに匹敵するほどの深刻な影響を与えることがあります。いや、むしろ意外とそのようなケースは多いのです。心の傷は、傷を受ける当事者の内面の問題だからです。どれほど軽微に見えても、本人が重大かつ深刻に感じるならば、それは実際に大きな問題となるのです。この点を周囲の人々が理解できないと、当事者はさらに苦しみを深めることになり

ます。

　もちろん、個人も社会も経験する必要のない不必要な心の傷は、できる限り取り除いていくべきです。個人は自ら成熟し、社会は構造的に改善していくことによってです。これは皆が協力して成し遂げるべき、個人と社会の進歩における課題でもあります。一方、このような社会的努力とは別に、個人の心理的な傷は私たち自身が向き合い、処理していかなければならないものでもあります。

　皮肉なことに、本人自らが傷をより深く、より辛いものにしている場合が多いのです。それはすでに経験した傷を認めようとしない心があるからです。10年前であれ、10ヶ月前であれ、1時間前であれ、10秒前であれ、あるいは今この瞬間であれ、その傷はすでに経験されたものなのです。私の心が心の傷と状況があったことを認めようとしないのだ。

　「なぜ私が？なぜよりによって私なの？私は何も悪いことをしていないのに。不当だわ。嫌だ。」　「私はそんな経験、心の傷を認めることができない！」と内面で絶えず叫んでいるのだ。

　理解できないわけではない。過去に経験したからといって、無条件に受け入れて許容しなければならないわけではないだろう。時には受け入れないことで心がより楽になったり、満足感を得たりすることもある。ひとつの戦略的な心の持ち方なのだ。

- 存在するものを否定することはできない

　問題は持続時間です。あるいはそれに伴う心の状態です。過去に経験した状況、体験、感情、相手の存在自体を私が否定し許さないとき、私たちの心はどうなるのでしょうか。

　結果的には、より苦しくなるのです。すでに存在するものを存在しないと信じようとする行為は、本質的に「間違った方法」であることを自分自身もよく理解しているからです。それを理解していながらも、否定と拒絶をやめることができないのです。許して受け入れると、さらに惨めになり、不当に思い、怒りが湧いてくるだろうからだ。しかし、脳の記憶システムには心の傷の経験と感情がそのまま残っているため、「抑圧」することはできても「消え去る」ことはない。そのため、無意識的に影響を与え続けるのである。意識的な抑圧と無視が強いほど、その影響も大きくなるというプロセスである。抑圧と無視は問題を根本的に解決する方法とはならない。

　このジレンマをどのように解決すべきだろうか？受け入れれば悔しく、受け入れなければ苦しい。人間が社会的動物である限り、関係性の中で生じる心理的な心の傷を避けることはできない。では私たちは仕方なく、ずっと傷つき苦しみながら生きていくしかないのだろうか？

　いいえ、そうではない。そうである必要もない。心の傷を経験することは避けられないとしても、その後の苦しみの時間については、私たちにできることがある。専門カウンセラーを訪ねるにせよ、一人で克服するにせよ、周囲の助けを借りるにせよ、これらすべての試みが最終的に目指すものはひとつである。「心の傷を経験しないことではなく、それがたいしたことではないと知ること」。その心の傷が消えるのではなく、結局それがたいしたことではなくなるのです。心の傷が消えてこそ大丈夫になるのではなく、心の傷があってもなくても関係なくなること。気にしなくなること。これを別の言葉で言えば「抱擁して超越する」ということです。

　あまりにも安易な言葉ではないかと思われるかもしれませんが、この言葉は決して軽々しく出たものではありません。むしろ最も積極的な癒しと、克服と、共感と、抱擁して超越することを通じて生まれたものです。非常に真摯な言葉なのです。だからこそ力があり、重みのある言葉なのです。また、他者に対しても、自分自身に対しても、支えとなる言葉でもあります。

　おそらく心理的な心の傷を癒すために私たちが試みるすべての方法、つまりカウンセリングや癒し、宗教、祈り、出会い、プログラム、書籍、瞑想、洞察、時間などは、この目的を達成するための口実なのかもしれません。そのような癒しと洞察を経たからこそ回復するのでしょうが、そのプロセスを通じて、心の傷が実は大したものではなく、それまで考えていたほど大きく深刻なものではないことに気づくのです。

　これは言い換えれば、過去の心の傷に自分も知らずに与えていた絶対的な意味を取り除くことなのです。それが全てだと思っていた錯覚から解放されることです。それに与えていた重要性を下げることです。そしてその心の傷、過去の記憶よりも自分自身がより大きく成長することです。

　心の傷があるならば、最善を尽くして癒していきましょう。カウンセリングを受けることは他者への依存ではなく、自立できないということでもありません。身体の傷を喜んで病院で治療してもらうように、心の傷も堂々と助けを求めればよいのです。この他にも活用できる様々な方法を探していきましょう。だから自分なりの方法で心の傷を癒していきましょう。そのプロセスはまさに成長のプロセス、拡張のプロセスでもあります。そのように捉えればよいのです。

　この点をはっきりと認識しましょう。心の傷を引き起こした原因をどうにかして処理すれば癒されるというわけではないということを。原因をうまく処理してそれらから自由になることもひとつの方法ですが、今はもう少し深く考えてみましょう。私が心の傷を重要視し、既存の枠組みに囚われていたからこそ、それが心の傷になり得たのであり、今は私がそれよりも成長し、もはやそれに囚われず自由になることによって、包み込んで超越することによって「心の傷が心の傷でなくなること」が癒しの根本であるという点です。

　私たちは、自分をより強く成熟させ、現在と未来においてはできるだけ過去の心の傷を再び経験しないようにしましょう。そして過去の心の傷については、それをどうすれば自由になれるかと考えるのではなく、それがたいしたことではないと明確に認識することで、自然と自由を得られるようにしましょう。

Summary

すべての人は心理的な傷を経験します。傷を否定したり無視したりすることは問題を解決せず、むしろ悪化させる可能性があります。真の癒しとは、心の傷を消し去ることではなく、それを認め、乗り越えることです。これは、心の傷がもはや重要ではないことを悟り、それを超えて成長していくプロセスなのです。心の傷の原因に対処するよりも、心の傷に対する私たちの認識と反応を変えることがより重要です。専門家の助けを求めることを含め、様々な癒しの方法を探し、活用することが役立つでしょう。

4.2 相手の言葉に傷つかない方法

：私の自由とあなたの自由を同時に認め合うこと

他者の言葉に特に心の傷を受けやすい人たちがいます。できることなら、その場ですぐに反論したり、率直に言いたいことをすべて言って、すっきりと前に進みたいものです。しかし、性格によってはそれすら難しいこともあります。そのため、後になって一人でその出来事を何度も思い返し、悔しさや憤りを抱えてしまうのです。

何か良い対処法はないのでしょうか？

解決策はいくつかありますが、どのような方法であれ、本質は継続的な訓練と実践にあるでしょう。この文章では、その中でも特に効果的な一つの方法を一緒に見ていきましょう。

その前にまず大前提があります。決して自分を卑下しないでください。不当に攻撃されていたり、理不尽な状況に置かれているならば、当然何らかの形で対応し、自分の気持ちを表現すべきです。必要であれば、同じ言葉を返したり、強く抗議したり、自己防衛のための行動をとることもあるでしょう。必要なこと、したいこと、できることはすべて行ってください。ただ黙って耐えるだけではいけません。

正当な反応とは別に（あるいは同時に）、次のことを実践してください。相手の言葉や行動に簡単に心の傷を受け、それを長く心に留めておく場合は、これからは心の中でこのように宣言してみましょう。

「あなたのすべての考えと言葉と行動は、当然あなたの自由です。

だから、あなたの自由を許可します！」

極めて堂々と、関係性と状況の主人として自由を許可するのです。相手の自由なのですから、私がどうこうできるものではありません。誰も私に何かをしろとかするなとか言えないように、私も相手に同じように接するのです。相手がどう行動しようとも、ただ黙って耐えなさいという意味ではない。まずは相手の自由を認める心構えを持つと

いうことだ。自分の行動は相手とは別に、いくらでも自由に選択でき
ることを常に心に留めておこう。

　相手が無礼に振る舞う場合、多くの人は表面上は耐えながらも、内
心では「本当に不愉快だ。あなたはそうすべきではない」と怒りを感
じている。表現しないだけで、心の中では相手のすべてを全く許容し
ていないのだ。心の中で小さな独裁者になっているのだ。単純な比喩
ではなく、社会的な力を持つ人々は自分の心の中の独裁を現実の独裁
として実現することもあります。

　賢明に見れば、内的な禁止や不許容は何の効果も利益ももたらしま
せん。そうしたところで相手は止まることもなく、変化を生み出すこ
ともできません。自分の心がさらに不当に傷つくだけです。相手の考
え、言葉、行動の自由を私が禁止することは不可能だからです。不可
能なことを続けようとするから心だけが苦しみ、何も解決されません。
この事実に気づくことが大切です。

　これで終わりではない。そうであるはずがない。相手だけを考慮す
るのではなく、関係性の公平性のために当然「自分」も考慮すべきな
のです。私も自分にとっては公平に接するべき他者なのですから。他
者の自由を認めると同時に自分の自由も認めましょう。ですから心の
中でこう宣言してください。

　「私のすべての考え、言葉、行動も当然私の自由である」
　私は自分の自由を認める！

　自分の自由を自分がまず許可するのです。他者の許可がなくても。
そうしながら同時に心の中で相手の自由も認めることなのです。相手
の自由を認めた状態で、自分自身の自由も享受するのです。

　さあ、このように双方の自由を認め合いましょう！そうすれば、
徐々に自分の心と行動パターンが以前とは明らかに変化していくのを
感じるでしょう。より心が開かれ、おおらかになり、自由になり、調
和が生まれるのです。双方がともに自由に表現でき、またお互いを受

け入れることができるようになります。

　初めのうちは、二つの行為が矛盾しているように見えるかもしれません。自分は自由に反応していいと言いながら、相手の自由も認めるというのは矛盾ではないか？少し心理的な混乱が生じるかもしれません。「相手の行動を禁止すべき時はどうすればいいの？禁止すべき？やめるべき？」といった疑問が浮かぶでしょう。

　このような時どうすればいいのか、具体的な例を挙げてみましょう。ある状況で相手の言葉や行動に対して「ダメ！」あるいは「やめて！」と叫びたくなることがあります。さあ、今は彼とは別に、まずは自分の心の中で相手がそのような表現をする自由を許してあげましょう。心から。「そう、それはあなたの自由よ！」そしてその後、自分自身の自由もまた認めてください。

　言葉遊びのように聞こえるでしょうか？しかし実際には、以前とは明らかな違いがあるのです。以前は「いいえ」あるいは「やめて」と言いたくても、自分の自由を認められず、悔しい気持ちを抑えながら無理に我慢していました。言葉にするにせよしないにせよ、相手が表現する自由を許していなかったのです。この違いがお分かりいただけるでしょう。今は相手にも自由を許し、自分自身も自由に「いいえ！」あるいは「やめて！」と言えるようになるのです。もちろん、そのような言葉を発しないという選択肢もあります。

　表面的には似ているように見えますが、この二つは本質的に異なります。後者ははるかに自由で、清々しく、開放的なのです。さらに、効果もはるかに大きく、その後の展開も大きく変わってきます。過去には自分の心も閉ざされ、心理的余裕もなく、毎回状況と関係性を悪化させるような対応ばかりしていたとすれば、今では徐々に自分と相手、そして周囲の状況が広く見えるようになってきます。そのため、より余裕を持って考え行動できるようになり、新たな解決策も見えてくるようになります。さらには、軽いユーモアで困難な状況を巧みに対処することも可能になるのです。

　私たちは普段どうしているでしょうか？相手に表現の自由を許容し

ていないのです。実際に「やめて」と口に出すかどうかに関わらず、心の状態は同じなのです。そのため私の心はいまだ不快感を抱え、二人の間に生じる緊張や否定的感情も少しも解消されないのです。

あるいは逆に、相手の行動に対しては自由を認めながらも、肝心の自分に対しては「ダメ。我慢しなければならない。怒りを感じることも、表現することもダメ」と自らに言い聞かせたりします。私の心がこのような状態では、相手に「やめて」と言おうが言うまいが同じことです。緊張と否定的感情は消えないのです。

双方の自由を認めるということは、言い換えれば心の運動場を変えることなのです。既存の私の心が傾いていて、でこぼこして汚れていて、きちんと活動できなかった運動場だったとすれば、今度は平らで整然として清潔な運動場へと生まれ変わるのです。その上でより自由に、そして楽しく飛び回ることができるのです。

初めのうちは、まだ両者の自由を許容することに慣れておらず不器用なため、言い争いが激しくなることもあり、「あ、これは違うな」という感覚を抱くこともあるでしょう。過去とあまり変わっていないように感じるかもしれません。しかし、徐々に慣れてくると変化が現れてきます。諦めずに継続すれば、ノウハウも増え、次第に熟練していくのです。

コツのひとつは、大きな変化を待つのではなく、自分ができる範囲で行動しながら、それを最大限楽しむことです。すべては自分が行う「分」だけ成功なのです。1分の努力なら1分の成功です。10分でも同様です。必ずしも100の成功だけが意義ある成功というわけではありません。

さらに興味深いのは、新たな質的変化が段階的に継続して訪れる可能性があるということです。各段階はそれぞれ固有の喜びをもたらします。「ああ、双方の自由を同時に認めるとはこういうことなのか！」という気づきが一度で終わらず、何度も新たな形で拡張されていくということです。もしかすると、今この文章を読みながら意識の中で「あ！」という感覚が生じるならば、この瞬間、私たちの無意識、潜在意識の中で最初の質的変化がすでに始まっているかもしれません。初めはうまくいかなくても、性急に失望したり諦めたりしなければよいのです。

　自転車の乗り方を習得するには二つの段階があります。理論的に学ぶ段階と実際に乗ってみる段階です。「他者の言葉に心の傷を受けないために、自分の自由と相手の自由の両方を認め合うこと」の理論的説明はここまでです。さあ、外に出て実際に自転車に乗ってみましょう。途中で何度か転んでも乗り続けましょう。そもそも自転車とはそうやって習得するものではないでしょうか。そうすれば、近いうちに楽しく走っている自分の姿を見ることができるでしょう。誰にもわかりません。もしかしたら、最初から楽しく走れるかもしれないのです。またこれは、私の人生の幸福のための「偉大な勇気」でもあります。さらに私だけでなく、愛する恋人、家族、友人、知人たちと共に幸せになれる勇気でもあります。ですから、自分自身を励ましながら前に進んでいきましょう。

Summary

　他者の言葉に簡単に心の傷を受けてしまう人々のための強力な方法は、「他者の自由と自分の自由を同時に許容すること」です。他者の考え、言葉、行動を彼らの自由として認めながら、同時に自分自身の自由も許容すべきです。これにより状況についてより広い視点を持つことができ、より自由で建設的な反応が可能になります。この方法を実践すると最初は違和感があるかもしれませんが、時間の経過とともに関係性や状況への対処において質的な変化を経験できるでしょう。これは自分自身と他者の幸福のための勇気ある取り組み方です。

4.3 気になる「あの記憶」に無関心になる方法

：否定的な感情や考えだけでなく、すべての感情と考えにこの方法を活用する

望まない感情や考えが繰り返し浮かんでくる経験は非常に辛いものです。数日前に不愉快な態度をとっていた人の言葉と行動が何度も思い出されます。そのたびに屈辱感や怒りがそのまま繰り返し湧き上がってきます。「あの時、私がこう怒ったり反論したりすべきだったのに…」あるいは「たいしたことでもないのに私を軽視するなんて…」、「あの時こうすべきだったのに…」忘れかけたと思うとまた浮かび、忘れかけたと思うとまた浮かんできます。さらに、ある記憶は数ヶ月が経っても、数年が経っても執拗に付きまとい消えることがない。

現在の問題や未来への不安も私たちをしばしば訪れるが、特に強く繰り返されるのはやはり「過去のもの」である。過去のネガティブな経験、そのとき感じた感情や考えは現在に影響を及ぼす。気分が良いときでも、ふと思い出すことで気分を台無しにし、自信を奪い、雰囲気を沈ませてしまう。すでに過ぎ去ったもの、死んでしまったものなのに。

これらの感情と思考は、私たちのコントロールを超えているようです。私が意識的に感じたり思い浮かべたりするのではなく、それらが勝手に私の中から湧き上がってくるようです。これらから解放される方法はないのでしょうか？いつでも望まない感情や思考に悩まされ続けなければならないのでしょうか？

もちろん、そうではありません。方法はあります。

どんな習慣でも、それを変えるには二つのプロセスが不可欠です。ひとつは「気づき（洞察）」であり、もうひとつは「具体的な方法」である。既存の誤った部分に気づき、具体的な方法を用いてそれを変えることである。

- 自分に感じられ浮かんでくるからといって、それが「重要なこと」とは限らない

　私たちの意識は、自然と感じられ浮かんでくるものを「重要なこと」だと信じてしまう。これはかなり無意識的な反応である。つまり意図的に意識した結果ではなく、幼少期からそのように学習されてきたものなのだ。このことを明確に認識する必要がある。

　夢の内容がランダムであるように、昼間に私たちの意識に浮かぶものもほぼランダムなものです。脳科学的にもそのように解釈されています。もちろん、深く掘り下げれば、特定の感情や考えが浮かんだ根本的な理由を明らかにできる場合もあるでしょうが、ほとんどの場合はわからないままです。まるで昨日の夢がなぜその内容で構成されていたのかを正確に知ることができないのと同じです。様々な解釈を試みることはできますが、厳密に言えばそれらはすべて推論にすぎないのです。

　特に過去のネガティブな経験から生じる感覚、気分、感情や思考は、より一層奇妙なものです。静かに勉強していたり、道を歩いていたり、仕事をしていたり、運転していたりする時に、なぜ突然あの人のことが思い浮かび、不快な気分になるのでしょうか？思い出したところで何の役にも立たないものなのに。

　すでに述べたように、これは無作為なのです。ランダム(random)なのです。理由はありません。ただそういうものなのです。

　問題は、このように無作為なものに対して、私たちが無意識的にあるいは自動的に「これは重要なことだ」という後付けの解釈をしてしまうことです。この点を理解する必要があります。洞察しなければなりません。そして、この瞬間から「今の私に感じられ浮かんでくるものだけれど、重要なことではない！」と能動的に考え方を変えられるようになるべきです。

　それらを重要だと思うことは、自分自身を欺いているのです。私が私自身に騙されているのです。何か理由があり必要だからだと勘違い

しているのです。もう自分を騙さず、勘違いもしないようにしましょう。もし本当に重要なことならば、強く感じられ、心に浮かびながらも私の助けとなり、何かがより良くなったり問題が解決されたりするはずです。しかし、実際はそうではないのではないでしょうか。むしろさらに混乱し、気分が悪くなるだけです。

　もう一度、強く明確に宣言してみましょう。

　「私に感じられ、思い浮かぶからといって『重要なこと』ではない！」

　もちろん最初はこう言っても、心の奥底では「それでも私が感じたり思い浮かべたりするのには理由があるはずだ。何か重要だからだろう」という既存の意識的、無意識的な感覚が続けて湧いてくるでしょう。十数年あるいは数十年も持ち続けてきた意識的な習慣なので、一朝一夕に変わるのは難しいのです。

　きちんと、そして意識的に気づけば気づくほど、より早く変化し、消えていきます。「ただそういうものだ」と片付けないようにしましょう。そうすれば何の力も生まれず、何も変わりません。「重要ではないのか？なぜそうなのか？」という疑問を持ちながら、自分自身の力で自覚することが必要です。「私が感じ、思い浮かべることは本当に重要なことなのだろうか？私が無意識的にそう信じているだけではないだろうか？本当にそうなのだろうか？」と自分の力で疑い、その思い込みを打ち破らなければなりません。これがうまくいかなければ、次の過程に進むことができません。

- 感じられ浮かんでくるものに対して、徐々に無（関）心になっていく

　今や私に突然浮かぶ否定的な感覚、気分、感情、思考が「重要ではない」ということがある程度明確になりました。それでは次は何でしょうか？

　たとえ明確に自覚したとしても、そのような感覚が一瞬で消えるわけではありません。なぜなら、まだ私の頭の中あるいは心の中にはその痕跡が残っているからです。まだその感情と思考の脳神経回路網が残っているのです。そのため、ある程度弱まるまでは、信号が流れ続けることができるのです。信号が流れて活性化すると、私はまた感じ、思い出してしまいます。だからこそ具体的な方法が必要なのです。

感じられ、思い浮かぶものを適切に処理する方法が必要なのです。

それはまさに、感じられ、思い浮かんでも、それに対して冷淡になることなのです。

無心になることなのです。

無関心になることなのです。

無意識に感じる感情や浮かんでくる考えが「重要だ」と信じていた時には、当然それに大きな比重を置かざるを得なかった。だから私に意地悪をした人とその行動、辛かった状況を思い出しては、それに伴う嫌な気持ちも繰り返し感じていた。なんと愚かなことだろう。

今は意識的にそれが重要ではなく、何の意味もないということを知っている（この自覚はある程度明確になるまで継続的に強化する必要がある。簡単に手に入るものではない）。 そうすれば自然と、あの人たちに与えていた私の心の関心、意味付け、神経、心のエネルギーなどを少なくすることができるようになります。

最初は過去の慣性がある程度残っているため、無意識のうちにまた興奮し没頭して、過去のパターン通りに行動してしまうこともあるでしょう。しかし、知りながら行うことと知らずに行うことは雲泥の差です。今はもう理解しています。それが感じられる、思い浮かぶからといって、無条件に重要視することはありません。むしろそれが何でもなく、大したことでもなく、特別な価値もないということを知っているのです。

これがうまくいくほど、それらのネガティブな思いに対して無関心になっていく。無心になるのだ。無関心になるのだ。うまくいかなければ意図的にでもそうしなさい。そうするべきなのだ。繰り返し対応

していると、ある瞬間には、それらが感じられても、思い浮かんでも、
あまり気にならなくなるだろう。

- 気にしようが気にしまいが、どちらでも構わない

　これに加えて、さらに強力な方法がある。たとえそれらが感じられ
ても、思い浮かんでも、つい気になってしまっても、その「感じられ
ること、思い浮かぶこと、気になること」自体に対して無関心になる
のだ。気にすることで落胆したり負担を感じたりせず、また気にしな
いようにしなければならないと悩まないでください。うっかりすると
それもまたひとつの罠になりかねないからです。
　つまり、何かについて気にしないでくださいと言われたら、今度は
気にしないことがうまくできないとまた気にしてしまうのです。そう
してまた引っかかり、捕らわれ、行き詰まると、今度はそれが負担に
なります。「浮かんできた感情や考えに心を奪われてはいけないの
に。」「こういったことについて悩み続けたり、苦しんだりしてはい
けない」と自分に言い聞かせながら。
　その感情や考えを手放そうと無理に努力する必要はないのです。手
放すことも結果的にそうなるものであり、「手放すこと」を目標にし
たからといって手放せるものではありません。ただ気づくだけでいい
のです。認めてしまい、納得してしまい、受け入れてしまうのです。ど
うしてもできなければ、ただ選択してしまえばいい。結果は同じなの
です。「私の考えや感情は重要だ」と固執している自分の意識的な頑
固さ、パターン、習慣、癖の代わりに、「私が考えたり感じたりしたか
らといって、必ずしも重要なわけではない」という考え方を選んでみ
ましょう。
　ここで見過ごしてはならない点があります。否定的な感情や考えだ
けではなく、「すべての感情と考え」についてこのようにするという
ことです。ほとんどの感情や考えを重要で意味があると捉えながら、
どうして否定的なものだけそうではないと考えることができるでしょ

うか？そのようなことはできません。

　たとえ気づきが薄く弱くても大丈夫です。まずは「あ、そうなんだ〜」と認識するだけでいいのです。それで十分です。そして徐々にそれをより鮮明にしていけばよいのです。そうすれば実際に、徐々により鮮明になっていきます。

　このような文章を書くと、必ず出てくる反応があります。

　「それで、何をどうすればいいのですか？具体的なことを教えてください。」

　「両方とも一生懸命試してみましたが、あまり役に立ちません。」

　すべて理解できます。おっしゃる通りです。そのような質問や疑問が浮かぶのは当然のことです。

　それに対する答えはこうです。先ほど述べたように、まずは「気づくこと」を確実に行わなければなりません。別の言い方をすれば、「既存の誤った固定観念を打ち破り、本来の正しい考え方を身につけること」なのです。「再認識」することであり、考え方を変えることなのです。これが可能な理由は、問題となった既存の固定観念も同じ過程を経て私たちの内面に形成されたからです。過去にもそうできたのですから、今回も可能なのです。ただし今回は本来の状態に戻すのです。変えることができます。注意しましょう。単に考えを変えるのではありません。既存の誤った概念を手放すことで、本来の正しいものが自ずと現れてくるのです。したがって、変えようと努力するのではなく、本来のものを掴むことが大切なのです。

　簡単にできるのかって？もちろんそうではありません。だからこそ、自ら自分の考えと心を能動的に変え、再認識させる必要があるのです。これは他の誰でもなく、本人だけができることです。なぜでしょうか？自分だけが自分の心の主人だからです。誰かが代わりにしてくれることはできません。アドバイスやノウハウは伝えることができますが、直接行動に移すのは結局自分自身なのです。これは万古不変の真理です。

　認識が変わった後には、具体的な実行によって過去の習慣や慣性を処理していかなければなりません。繰り返しと努力が必要ですが、できるという確信があれば、そこまで困難ではないでしょう。ですから、実際の変化の臨界点を超える瞬間まで立ち止まらず続けていきましょう。変化を追求するすべての過程がそうであるように。

Summary

トラウマ記憶に対して無関心になる方法は、二つの核心的プロセスを含みます：「認識（洞察）」と「具体的な方法」です。まず、心に浮かぶ思考や感情が重要ではないということを認識する必要があります。これらはほとんどが無作為的で意味のないものです。次に、このような考えや感情に無関心になる具体的な方法を実践する必要があります。これは、それらに関心を向けず、重要性を与えないことを意味します。このプロセスはすべての感情と思考に適用されます。

4.4. 悪い記憶が浮かぶ時こそ、むしろ良い機会である

: 悪循環を断ち切る - 苦痛な記憶を繰り返さないための方法

　脳は私たちが静かにしている時でさえ、過去の良くない記憶や心の傷を繰り返し蘇らせることがあります。当然、記憶が浮かび上がるたびに私たちは苦しみます。この事実をご存知でしょうか？その瞬間こそ、私たちがその記憶を適切に処理する絶好の機会なのです。つまり「セルフ・ヒーリング」を行うことができるのです。嫌な記憶が浮かぶことが癒しの機会だなんて、一体どういう意味なのでしょうか？

- 私たちの脳はなぜ良くない記憶を繰り返すのか

　まずは、過去のことが自然と思い出される理由から考えてみましょう。例えば、すでに経験したネガティブな出来事を反芻させることで、今後同じ状況に注意を促す「自己防衛機制」として機能しているのかもしれません。もう一つの理由は、すでに起きたことを心が受け入れられないため、想像の中で別の状況を望むようになり、そうすることで意図せずその記憶が繰り返し現れてしまうことです。つまり欲求不満を解消しようとする目的ですが、結局それは未練や執着となってしまいます。主にその出来事に関連した理不尽さや憤り、悲しみ、後悔などが原因となります。

　一つ目は、「自己防衛機制」の場合を見てみましょう。これ自体は望ましいことですが、過去の記憶が過度に浮かんでくるため問題となります。つまり、適度に思い出したり、あるいは自分が同じような経験をしないように注意する程度なら問題ないのですが、感情的な負担を与えたり混乱を引き起こしたりするのです。

　このような時は、浮かんできた記憶に関連する感情に埋もれることなく、それを客観的に活用して、今後の行動に注意を向けることに集中すべきです。これが「再記憶」の本来の目的であり理由であること

を意識的に認識し、それ以外の用途には使用しないことが解決策なのです。少し困難であっても、必ず意図的かつ意識的に行わなければなりません。そうでなければ、これまで通り不快な再体験をするだけで、否定的な内的経験が強化されるだけです。(実際に該当する記憶の脳シナプスのネットワークが強化されます。)

　二つ目、「過去について異なる状況を望む、つまり欲求不満の解消」は、言わば「不可能なことを望むこと」です。その心情は十分理解できますが、非常に非効率的な戦略です。あるいは、利己的ではあるが愚かな利己主義とも言えます。過去の経験をもとにより賢明に、堂々と現在と未来に備えることは十分可能です。それに加えて過去までも変えたいと願うのは、過度な欲求です。自分のために不可能な願望はもう諦めようと、自分自身に言い聞かせるべきです。これこそが自分の利益のための、真の意味で利己的な対応なのです。

　さて、ここで私たちは別の側面に目を向ける必要があります。ここが「セルフ・ヒーリング」の絶好の機会となる部分です。
脳科学の理論の中に「脳可塑性（Neuroplasticity）理論」があります。適切な刺激によって脳細胞のシナプス結合網（synapse networking）が変化するという理論です。まずは次の図をご覧ください。

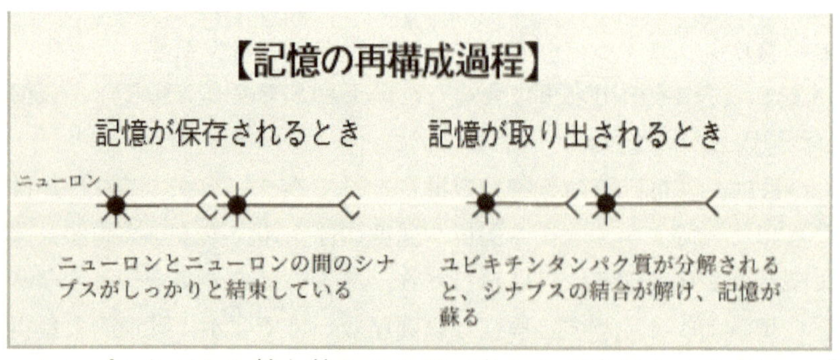

　シンプルながらも核心的なこの図で私たちが注目すべき点は、「記憶を再び取り出す時にシナプスの結合が解かれる」という部分です。そして、シナプスが解かれる時にニューロンの再配列の機会が生まれるということです。

　つまり、過去の良くない記憶が浮かび上がり、その時の感情や状況を再び感じる時に、該当する記憶の神経網、すなわちシナプスネットワークが解かれます。これは私たちがその神経網を再配列できるという意味でもあるのです。したがって、記憶が再び浮かび上がること、再体験すること、再び強く感じることは、セルフ・ヒーリングの機会となるのです。

　喚起された記憶と感情が生き生きとして強烈であればあるほど、むしろ効果的ではないでしょうか？そうであればあるほど、シナプスがより活発に解きほぐされているということであり、それだけ変化の可能性がより大きくなるからです。淡々と思い出したり、単純に回想するだけの時は感覚が弱く、これはシナプス結合の解きほぐしも弱いということです。そうなると変化の機会も減少してしまいます。

　過去の悪い記憶や心の傷が無意識に浮かんでくるとき、私たちのほとんどはその感情に埋もれ、再び苦しみながら「同じ再体験」をするだけで神経回路を閉ざしてしまい、具体的な癒しと変化を図ることができません。そうすることで、悪い感情と反応のシナプスだけがさらに強化されていきます。これはほとんどすべての人が無意識のうちに行っている反応です。むしろ状況を悪化させているのです。

　私たちは過去の記憶を再び取り出すとき、該当するシナプスの結合が解かれるという秘密を知ることになりました。シナプスの結合が解けるとき、それは変化の機会が訪れたということです。ですから、過去のように無意識的に、自動的に不快な感情を再体験し、強化して記憶を閉ざさないようにしましょう。むしろ感情が湧いてきたときに「あ、これは癒しの機会だ！」と自覚し、適切に対処して結合を解きましょう。そうすれば「過去の事実（記憶）」はそのまま残っていても、「私たちの反応（シナプスネットワークの結合）」は変わるでしょう。このように反応が変わると、過去の事実（記憶）が残っていても、もはや関係なくなります。次第に気にならなくなるのです。私たちはすでに自由になっているのです。

- 無意識的記憶の再反復を癒しのプロセスに変える方法

　自己防衛機制であれ欲求不満機制であれ、私たちの脳が記憶を再生することが癒しと変化の機会になることが分かりました。過去のように無意識的に再経験と強化だけをするのではなく、既存のシナプスネットワークを断ち切るか、新しいシナプスネットワークに置き換えることです。具体的にはどうすればよいのでしょうか？

　最も心に留めておくべきことは「感覚」です。「感覚=シナプスの解放」だからです。つまり、Aという感覚を感じるときはAに該当するシナプスネットワークが解かれ、Bを感じるときはBに該当するシナプス結合が解かれるのです。この感覚を二つに細分化して認識する必要があります。一つ目は最も基本的な感覚である身体的感覚、つまり五感(五感)です。二つ目の感覚は情緒的感覚です。つまり、私たちが気分や感情と表現しているものなのです。さあ、これからは良くない記憶や経験、心の傷が浮かんできたら、次のように対処してみましょう。

　第一に、意図的に再認識することによって「過去の感情を分離させ、中和する」のです。

　その記憶が再生されるとき、ただ単にその経験を繰り返し、同じように感じるだけで終わらせると、かえって記憶が強化されてしまいます。私たちは意識を通じて無意識をコントロールすることができるのです。たとえこのような記憶は強烈で、自分の意思に関わらず思い出されてしまうこともあるでしょう。このような時、意図的に次のように認識することが重要です。「今、記憶の再体験が起きている。しかし、以前のように無意識に再体験するだけではないだろう。」このような考えを意図的に持つことで、その出来事に対する自動的な感情反応が徐々に弱まっていくのです。

　初めのうちは特に変化がなく、過去の反応パターンが繰り返されることもあります。つまり、変化の臨界点に達するまで、すなわち「該当するシナプスの変化」が有意義なレベルで起こる前までは、過去に経験した再体験が再び生じるのです。このような時に最も効果的な対処法は、それが「単なる慣性」であることに気づくことです。その状況やその人を思い出すと、私はまだ苦しく、悔しく、理不尽さを感じ、当惑し、悲しいのですが、それはただその感情が残っているだけであり、該当するシナプスの結合が解かれる際に起こる反応に過ぎないことを認識するのです。

　第二に、感じても気にしないことです。重要性を与えないことです。そもそも重要性を与えた主体は私たち自身なのです。

　前述した意図的な再認識がより明確になるほど、過去に自動的に埋没していた感情反応は徐々に弱まっていくでしょう。途中で失望して諦めなければよいのです。どのみちシナプスの結合がある程度整理されるまでは、感情は感じ続けるものです。それは自然なことなのです。失望すると止まってしまいますが、今はこれを理解して失望しなければ、中断せずに継続することができます。

　このような時は「感じても気にしない」という対応が必要です。重要性を与えないことが大切なのです。私たちは無意識的に何かが思い浮かんだり感じたりするとき、それが重要だからだと信じてしまいます。そのため、ふと浮かんでくる過去のことに知らず知らずのうちに「重要度」を与えていましたが、今は意識的にそうしないようにしているのです。過去のその出来事自体が重要ではないということではありません。だからといって、それを無視しなさいという意味でもありません。そうではなく、「自分が思い出し感じる行為自体を重要視してしまう無意識的な習慣」をやめるべきだということなのです。

　第三に、中立的な、あるいは反対の感情や状況を意図的に思い浮かべたり、感じたりすることです。前の二つの方法だけでもある程度は十分な自己癒し効果を生み出すことができますが、この三番目の方法を加えると、この変化がより確固たるものになります。前の二つの方法は、自然とこのプロセスにつながることもあります。過去の「不安、不満、理不尽さ、当惑、悲しみ、怒り」などのシナプスが活性化されるままにするのではなく、意識的に気づき、再認識すればするほど、過去のシナプスネットワークは自然と切れたり弱まったりします。さらに、このような中和、中立化をより強く行うこともできます。よく言われる「大丈夫じゃなくても大丈夫！」という言葉もこのプロセスと関連していると言えるでしょう。つまり「根拠のない肯定」ではなく、実際に脳のシナプスネットワークを変える非常に具体的な作業なのです。

「中立的な感覚と状態」とは「安らかで静かで安全な感覚と状態」を意味することでもあります。そのため、そのような状態を作り出す瞑想法も役立ちます。そのような状態を多く作り出し、頻繁に経験するほど、以前の不安で否定的だった記憶（シナプスネットワーク）が徐々に弱まっていきます。

ここからさらに一歩進んで、より積極的に反対の感情や状況を思い浮かべたり、感じたりしてみましょう。これは「イメージ化（visualization）」や「想像法」とも呼ばれています。該当する悪い記憶が再体験されるとき、過去の悪い五感や感情を自動的に繰り返すのではなく、反対の肯定的で良い経験、記憶、感覚、感情などを意図的に思い浮かべる方法です。

この方法は一人で実践するのは容易ではないため、専門家の助けを借りることも検討できます。方法を熟知している癒し手やカウンセラーが傍らにいて、肯定的で良い感情や経験ができるよう具体的な暗示や誘導を行ってくれます。そうすると、本人は目を閉じた状態でその指示に従いながら、その感覚を実感し、その経験を体験するのです。

これからは、不快な記憶や経験が無意識に浮かび上がり、それに没頭してしまうとき、ただ無意識的に繰り返すだけの行動はやめましょう。むしろ意識的に再認識し、それを変化の機会として捉えることを考えましょう。

自分自身のため、自分の人生のために一度挑戦する価値があります。

Summary

　否定的な記憶が浮かんできたとき、それを癒しの機会として活用できるので
す。脳の神経可塑性理論によれば、記憶が想起される際にシナプス結合が緩み、
再構成が可能になります。これを活用して、次の三つの方法で対処することが
できます：

1）過去の感情を分離し中立化する、

2）感情に重要性を付与しない、

3）中立的あるいは反対の感情を意図的に想起すること。

このプロセスを通じて、否定的な記憶の影響を軽減し、心理的癒しを促すこと
ができる。

4.5 否定的感情から解放される方法
：感情は私たちが執着するから持続する

　誰にとっても感情は大きな課題である。感情そのものよりも、それをどう扱い調整するかが重要なのである。余談だが、西洋のある瞑想団体では、人間は三種類の身体から構成されていると考えられているという。一つ目は私たちに最も馴染みのある「肉体（physical body）」です。物理的な身体のことを指します。二つ目は「感情体（emotional body）」です。人間が持つ感情系をひとつの身体として捉えたものです。三つ目は「思考体（mental body）」です。思考機能を担当する体です。

　神秘主義的な要素は置くとしても、人間の構成を体、感情、思考の三つで見ることは興味深いものです。私たちの脳で考えると、最も深部にある脳幹や延髄などは肉体に、辺縁系は感情体に、大脳皮質は思考体に対応させることができるでしょうか。この文章はこれらのうち、感情についての話です。私たちを構成する感情という要素をどうすれば、より良く理解し、上手に制御することができるでしょうか。

　感情の正体が何であり、進化の過程でどのような役割を果たして発展してきたのか、またどのように発現されるのかは、脳科学やホルモンの影響などに関する研究を通じて科学的に解明されつつあります。本書では、このような過程を経てすでに生じた感情、特に否定的感情をどのように処理するのが望ましいのか、そして今後同様の感情的苦痛を経験しないためにどのような方法が有効であるかを考察します。言わば「感情の扱い方」が本書のテーマなのです。

- すでに感じている感情を拒否したり、止めたり、変えようとしないこと

　私の中に生じた否定的感情を扱う際に最も難しい部分は、その感情を止めたり、他の感情に変えたりすることが容易ではないという点です。いいえ、ほぼ不可能なのです。理由は単純で、文字通り感情が「すでに発生」してしまったからです。生理学的に言えば、その感情を引き起こす神経網がすでに活性化し、ホルモンなどがすでに分泌され体内に広がってしまったのです。すでに起きた物理的な現象を心で変えることはできません。したがって、感情の問題に関して最初に留意すべき原理は次のとおりです。

「すでに感じている感情を拒否したり、止めたり、変えようとしたりしない」

つまり、感じている感情をどうにかしようとするのではなく、むしろその「どうにかしようとする心」を止めること、望まないことなのです。不可能なことをしようとすれば当然うまくいかないだけでなく、これによって二次的な苦痛が追加で生じます。一次的に生じた感情でただでさえ辛いのに、自ら二次感情を引き起こすことになるのです。あらゆる面で損なのです。

それにもかかわらず、「感情をどうにかしようとする願望」を止めることは言葉で言うほど簡単ではありません。それは私たちの心の信念と頑固さが原因です。感情をコントロールできるという根強い信念、そして感情をなんとかしなければならないという頑固な思い込みが原因なのです。

アインシュタインの言葉として広く知られている格言があります。「同じことを繰り返しながら異なる結果を期待することは狂気の定義である」。本当に彼の言葉かどうかは定かではありませんが、いずれにせよ非常に的を射た表現です。科学実験において、一度失敗した方法論を繰り返しながら成功を望むのはどれほど愚かなことでしょうか。感情の扱い方も同様です。「効果的な方法」であれば諦めずに続けるべきですが、効果のない方法に固執することは自ら苦痛を招くだけです。

感情を変えようとする試みを諦められないもう一つの理由は、「すでに感じている感情の存在を認めたくない」という心理にあります。

自分がそのような感情を抱いているということを、自分自身で許せないのです。その感情の存在そのものを。

　生きていく中で私たちを最も苦しめる行動のひとつは、このように既に存在するものの存在性を否定する行為です。もちろん、個人や社会の矛盾や不平等など、正当に修正すべきこと、排除すべきことを否定するのは妥当です。ここでは個人的な心理的習慣について話しています。感情についてだけではありません。人間関係もそうですし、状況もそうです。さらには自分自身についてもそうなのです。

　例えば家族、友人、学校、職場、そしてその他の共同体で継続的に関係性を維持しなければならない相手がいるのに、お互いに気が合わなかったり、相性が良くなかったりすることがあります。このとき犯す最大の過ちは、その人の存在性を否定することです。「あなたはこの家庭、友人の集まり、学校、会社、教会、お寺、学界などにいてはいけない！」という気持ちです。「あなたの存在を許すことができない！」という気持ちです。

　もし私に力や能力があれば、その人を追い出すことができるでしょう。時にはそういう場合もあります。しかし、そうできるかどうかに関わらず、重要なことがあります。私も相手も皆、その共同体の中で何らかの役割を担っており、それぞれが固有の立場を持っているという事実です。したがって、私も相手も簡単に追い出したり排除したりすることはできないのです。これは個人の問題だけでなく、ある程度は「集団的構成」の問題でもあるからです。まるで自動車からどの部品も無造作に取り外せないことと似ています。個人的な立場や感情だけに埋没して相手を否定し始めると、共同体での自分の生活が困難になります。もちろん、相手も困難を感じることになります。そうして個人間の問題が組織全体の問題へと拡大していくこともあります。これらすべては「すでに存在するものの存在性を否定する」ことから生じる副作用なのです。不可能なことを求めるために起こるのです。

　最善の方法は、すでに存在するその人の存在性をまず認めることです。まず許し、受け入れてあげることです。たとえ口当たりは苦く、心は納得できなくとも、不可能なことに執着しないだけでも、すでに大きな利点があります。不必要にエネルギーを奪われず、心も徐々に安定し、余裕を見出すことができるのです。いったん余裕ができれば、自分と相手、そして共同体全体のための適切な解決策が自然と浮かび上がる可能性も高まります。

　これは真実を認めるか、回避せよという意味ではありません。回避はどのような場合も解決策にはなりません。そうではなく、自分自身のために心を穏やかに保つことなのです。そうすれば、より開かれた視点でより広範な解決策を見出すことができるようになります。

　このプロセスを経た後は、自由に選択してください。あなたが選ぶ解決策に制限はありません。必ずしも円満に解決する必要もないのです。相手との関係を絶つこともできますし、議論することも、アドバイスすることもできます。あるいは良い関係性へと転換することもでき、必要であれば無関心でいることも選択できます。最善の方法であれば、否定的か肯定的かに関わらず、すべての手段を試してみることができます。まず心の基盤に「相手の存在性を許容する姿勢」さえあればこそ、です。これがあるかないかでは、大きな違いが生じます。

　この話をやや長く説明した理由は、私たちの感情も同様だからです。先ほどの「相手」の位置に「私の感情」を置き換えると、すべての状況が全く同じになります。したがって「否定的感情から自由になる」ために私たちがすべきことは、まさにこれなのです。

　感情を変えたり抑えたりする必要はなく、どのような感情を抱いても大丈夫だと思えるようになることなのです。言い換えれば、どんな感情であれ、そのままの形で許容することです。認めることです。受け入れることです。気にかけないことです。否定も肯定もせず、ただ感じることです。振り回されたり埋没したりすることなく。

　ここで言う「大丈夫」とは、単に「大丈夫だ、大丈夫ではない」という二分法ではなく、その両方を包み込み、超越した意味を持ちます。言い換えれば、仏教の禅宗で言う「とらわれのなさ」に似ています。通常、これを修行する際に最も問題となるのは「とらわれのなさにとらわれること」です。つまり、日常生活や修行中に出会う様々な出来事にとらわれないようにしようとするのですが、自分はどうしてもとらわれてしまうのです。そして、その「とらわれること」に心が不快になり、不安になり、再びとらわれてしまいます。これに対する答えは何でしょうか？当然、「とらわれのなさにとらわれないこと」です。つまり「とらわれても気にしないこと」です。とらわれがあってもなくても気にしないことなのです。

　この文章で述べている「否定的感情から自由になる」というようなプロセスを実践する中で、最も多く失望したり諦めたりする理由も、これと異なるものではありません。上述の方法を試してみたにもかかわらず、依然として「大丈夫ではない」状態が続くのです。指針通りに「湧き上がる感情をありのままに感じ、それを排除しようとしたり消え去るべきだと望んだりしない」という実践を行いました。それでも心が安らかにならず、依然として不快感や苦しさが残るのです。そして「ああ、やっぱりダメじゃないか」と言いながら諦めてしまうのです。

　この本で伝えたいのは、良くなって、好転して、否定的感情が消えて平穏になるということではありません。そのような状態を望んだ瞬間、再び元の罠に陥ってしまうのです。大切なのは「あってもいい」という認識です。つまり「あってもなくてもかまわない」という境地です。この気づきが非常に重要なのです。

　私たちが経験する感情の強度を1から10のスケールで考えると、以前は6〜7程度の強さでも耐えられませんでした。しかし今では、6程度の感情を感じても、徐々に受け入れられるようになっていくのです。何でもないというよりは、「その感情を感じること自体」が受け入れられるようになるということです。これを別の言葉で「喜んで感じる、喜んで経験する」とも表現できます。

　さらに重要なことがあります。一次感情の処理に失敗して否定的な二次感情を感じる瞬間、それはまさに危機であると同時に機会でもあるのです！なぜなら、その時私たちは二次感情、つまり二次の矢の正体を目の当たりにしているからです。言い換えれば、私たちを長い間苦しめてきた「見えない敵」をついに発見したということでしょうか？多くの人々がここでつまずいたり、途中で諦めたりして、実際に何が起きているのかを知らないまま通り過ぎてきた地点です。私たち、もうこれを見逃さないようにしましょう。

- 感情を感じたからといって、軽率に失望しない

　二次感情は一次感情を適切に処理したり解決できなかった時に発生する失望、後悔、否定、恐れ、自己非難、諦めなどの感情です。「あぁ、なぜこんな感情が湧くのだろう？この感情をなんとか処理しなければならないのに、できない。他の人はできるというのに、私はなぜできないのだろう？」「なぜこの感情をそのまま感じ続けなければならないのだろう？」という思いです。このような時、私たちが取るべき最善の方策は何でしょうか？

　これも先ほどと同じです。二次感情として生じる否定的感情に対して「どうにかしようとする」ことをやめればいいのです。ただ放っておくのです。否定も肯定もせずに、ただ感じてあげるのです。喜んで経験してあげるのです。ただ「このような二次感情が起きているね」と認識するだけです。取り除こうとしたり止めようとしたりしないことです。

　これは偉大な勇気でもあります。同時に、過去のように振り回されたり埋もれたりすることもなくなります。その感情を感じたからといって、さらなる失望感、心配、怒り、無力感、自己嫌悪感などを抱かないということです。ただ受け入れ、許容し、許可し、その存在を認めるのです。なぜでしょうか？それはすでに存在しているからです。

　このように二次感情の処理が着実に続けば、一次感情の強度も徐々に弱まっていきます。感情はまだ感じつつも、それに伴って生じていた不安や苦痛が軽減されるのです。「感情が消えること」ではありません。つまり「感じなくなること」ではないのです。感覚がないことは私たちの目標にはなり得ません。木石や死体ではない以上、生きている私たちがなぜ感覚や感情のない状態を望むのでしょうか？大切なのは「感じても大丈夫になること」なのです。つまり、大丈夫でないことも大丈夫と受け止め、喜んで受け入れ、許容することなのです。

　今の感情的混乱状態をずっと抱えていけということでしょうか？そうではありません。もちろん、そのままでも構わないのです。この「構わない」というのが、先ほど述べたことでもあります。しかし、ここで説明するように感情を適切に扱い始めると、次第に収まっていくのです。何が収まるのか？「感情に対する無条件的な反応」です。私が感じた感情（一次感情）に対する衝動的、無意識的な反応（二次感情）が徐々に減少していきます。そして、感情を感じつつもそれを気にしなくなり始めると、心に余裕が生まれ、次第により効果的で実用的な反応ができるようになります。

　さあ、途中で特に変化がなくても気にしないようにしましょう。私たちがどのような方法を取ったとしても、日常での様々な出来事は続いて起こるものです。激しい感情、感情的な衝突、争い、恥辱、失望、不安、悲しみ、怒りなどは再び起こるでしょう。そのような経験をしても「やはり私はダメだ」と言わずに、「まだ慣性が多く残っているな。これをもう少し早く止めたり、取り除いたりしてみよう。どうすれば良いだろうか？」と活用するのです。経験が辛く苦しいほど、そのパターンから抜け出したいという願いも大きくなっていきます。

　ここで、こんな反論があるかもしれません。

　「よろしい。一次感情であれ二次感情であれ、許容して感じるとしましょう。その次はどうするのですか？そのように否定的感情が消えず、どうすることもできないのであれば、以前と何が違うのでしょうか？この全ての試みと努力は何の意味があるのでしょうか？無駄ではないのでしょうか？」

　しかし、そうではありません。すべての生理的な感覚や感情は、発生した後、一定の時間が経つと自然に消えていきます。これは神経反応の限られた寿命によるものです。

　つまり、五感による反応であれ、ホルモンなどと思考によって生じる感情反応であれ、人間の生理反応と神経反応には寿命があるということです。ある資料ではこれを約90秒程度としていますが、いずれにせよ持続時間は私たちが想像するほど長くはないでしょう。体に非常に大きな心の傷を負ったり、深刻な心理的トラウマを経験した場合は、苦痛な感覚と感情も継続するため、当然それに見合った身体と心の適切な治療が必要となります。このような場合でなければ、一般的に生じるすべての感覚や感情は数分経てば消えていきます。神経の活性化は永続的なものではありません。

　なぜ多くの感情はこれほどまでに消えずに続くのでしょうか？

　そのように感情を捕らえ続けている主体は、他でもない私たち自身なのです。つまり、放っておけば自然に寿命が尽きて消えていくはずの感情を、私たちが意識的に捕らえ続けているのです。様々な頑固さ、思考、回想、反芻、二次感情、欲望、欲求、後悔、欲望、信念などによってです。感情に溺れるにしても感情を否定するにしても、どちらも感情にとらわれているだけです。この行為をやめることが大切なのです。

- 最善の行動を能動的に取る

　ここまで見てきたような心理的対処を行ったなら、次は「実際の行動による対処」に移る段階です。感じている感情をあえて拒否したり抑えようとしたり変えようとしたりせず、そのまま受け入れ、二次感情も適切に対処した上で、その状況や立場を克服したり打開したり変えたりできる最善の行動を能動的に取りましょう！

　受け入れるということは、何もしないということではありません。私ができる行動を積極的に取ればよいのです。どうせ行動を取るのであれば、わざわざ感情を制御する必要があったのかと反問するかもしれません。私が感じた感情に対する否定的な反応、つまりその感情を消し去りたいという欲望が原動力となった行動は、衝動的あるいは非戦略的になりやすいものです。結果もあまり良くないでしょう。

　「感情の扱い方」を実践しながら、つまり感じる感情はそのままに
受け入れつつ、同時に実用的な目的のために状況を変え、打開できる
行動を取ることが大切なのです。そうすれば、感情に埋没したり巻き
込まれたりした時よりも、より冷静かつ余裕を持って行動することが
できます。なぜでしょうか？私の目的あるいは意識の焦点がもはや
「感情そのもの」ではなく「実際の解決」に向けられているからです。

　ここまで述べてきたことは、主に「個人的な対処法」としての話で
す。社会構造的な問題には、それに応じて積極的に対処し、改善して
いく必要があります。通常、このような問題は個人の努力や範囲を超
えているため、個人がいくら感情や思考をコントロールしようとして
も、どうすることもできないのです。したがって、皆が力を合わせて
矛盾を打破しなければなりません。これもまた前述した「実際の行動
対処」です。

　最後に考えておくべきことがあります。否定的感情だけでなく、
「肯定的感情」も処理すべき対象であることを忘れないでください。

　良いだけの肯定的感情がなぜ問題になるのでしょうか？肯定的感情
であれ否定的感情であれ、すべて「感情」だからです。つまり極性が
異なるだけで同一の現象なのです。肯定的感情もまた「扱うべき感情」
であることに気づかず、無意識的に同一視し、同化し、埋没してしま
うと、後に否定的感情に直面した際も同様の反応をせざるを得なくな
ります。

　肯定的な感情を無視したり、否定したり、楽しまないようにという
意味ではありません。そのような必要はないのです。しかし、それを
楽しみ、享受し、満喫している最中にも、リアルタイムでそれが「感
情」であることをしっかりと認識しようということです。決して事実
でも全てでもないことに気づくのです。そうすれば、後に否定的な感
情に対しても同じように対処できるようになります。

　例えば、私たちは他者に対する嫌悪だけでなく、無分別な崇拝も警
戒すべきです。自分を卑下する劣等感だけでなく、根拠のない優越感
にも同様に注意を払うべきです。同じ文脈が悲しみと喜び、憎しみと

愛、不幸と幸福のすべてに適用されます。これらすべての相対的な感情は、その極性だけが異なるだけで、同じく「感情」というひとつの機制であることに気づくべきです。

　否定的感情と同様に、肯定的感情も過度に没頭すると副作用が現れます。一つ目は、肯定的感情が消えるときの苦痛です。肯定的感情に過度に執着するときに起こりえます。二つ目は、不自然な反応や対処が生じることです。肯定的感情に振り回されて、誇張した反応や文脈に合わない反応をしやすくなります。もちろん、肯定的感情は否定的感情ほど注意したり心配したりする必要はありません。余裕を持って、十分に楽しみ味わえばよいのです。ただし本質的には、上述した方法を用いて同様に扱うことが大切です。

　例えるなら、白いペンキでも黒いペンキでも、壁に色が塗られるという現象は同じなのです。色を塗ることが間違いだとか、塗るべきではないということではなく、「ペンキを塗ること（感情）」がどのような現象で、どう対処すべきで、何に注意し、どのような対策を取るべきかを知る必要があるということです。

Summary

　感情管理の核心は、すでに感じている感情を拒否したり変えようとしたりしないことです。代わりに、感情をありのままに受け入れ、許容すべきです。二次的感情も同様の方法で扱う必要があります。感情は本来自然に消えていくものですが、私たちが執着し続けるために長引いてしまうのです。感情を適切に管理しながら、同時に状況を改善するための具体的な行動を取ることが大切です。ポジティブな感情も同じように扱うべきであり、過度な没頭は避けるようにしましょう。

4.6 未知なるものへの本能的恐怖を超える方法

: 「Fight or Flight（闘争または逃走）」を超えて – 原始的本能
をコントロールする

　人間は自分が知らない、あるいは馴染みのないものを無意識的に警
戒し、恐れる傾向があります。単に中立的な「未知のもの」がほぼ自
動的に「恐ろしいもの」へと変わるのです。見知らぬ対象に対して好
感や肯定的な感情を持つどころか、無関心でいることすら難しいもの
です。こうした反応を変えるには、成長体験、意図的な学習、訓練、
認知的な気づきなどが必要です。しかし、これは決して間違いではあ
りません。ほとんどすべての動物が持つ自然な本能的反応です。野生
で生きる動物たちは見知らぬ対象を見れば、当然危険だと感じるもの
です。それが危険な捕食者かもしれないからです。おそらく人間の祖先
たちもそのような反応が必要であり、生存に役立ったことでしょう。
しかし文明化された生活と日常においては、「見知らぬものに対する
恐れ」に過度にとらわれる必要はありません。それが本能的な感覚で
あることを認識し、適切に調整できるようになることが大切です。な
ぜなら、そのような反応には不必要な恐怖、苦痛、衝突が多く含まれ
ているからです。

　私たちが必ず覚えておくべきことがあります。「違い」こそが自然
な現象なのです。自然界では、同一のものはむしろ不自然であり、稀
なことなのです。「似ている」ということも詳細に見れば、同一性と
差異が共存しているので、結局は異なるものなのです。あえて同じも
のを探そうとするときに現れる結果に過ぎません。つまり、基本は
「違い」なのです。

- すべての人は人種差別主義者なのか？

　人間として私たちが違和感を覚える対象や状況は様々です。同じ人

間でも年齢、性別、階層、人種などが異なる時にそう感じ、社会的な現象においても同様です。異なる環境、異なる宗教、異なる文化、異なる信念と価値観、そして道徳倫理観についてもそうです。このような恐れと拒絶感は、現代文明社会において個人間の葛藤、集団・社会・国家間の衝突を引き起こす最も大きな原因となっています。「異なる」対象に対する否定的反応が臨界値を超えると、個人間、集団間の様々な物理的、非物理的な争いや戦争へと発展するのである。

　問題は、このような悲劇の原因の相当部分が、実際に何か問題があるわけではなく、「馴染みのなさから生じる本能的な否定感」を事実として捉えてしまう認知的誤りに起因しているということである。互いに相手に衝突の原因を帰しがちだが、実際には既に形成された無意識的、内面的な抵抗、恐れ、怒りに後付けした口実に過ぎないケースが多い。

　この主題に関連して、ある脳科学研究で明らかになった興味深い内容があります。脳についてのあるパターン研究では、「すべての人は人種差別主義者である」と言えるような結論が導き出されたそうです。fMRIで脳の反応がリアルタイムで撮影される被験者たちに、異なる人種の写真を見せるという実験でした。結果は、人種問題に対する普段のその人の性向に関係なく、全員が警戒や緊張、否定的な感情を引き起こす脳の辺縁系の一定部分が活性化されたというものです。つまり、人種差別的な反応とは、異質なもの、見慣れないものに対する全ての人間が持つ本能的な警戒反応だと考えることができるのです。

　果たして本当にそれだけなのでしょうか？脳がそのように反応するからといって、人種差別をはじめとする「見慣れないもの、異質なもの」に対するあらゆる差別、警戒、恐怖は正当化されるべきでしょうか？そうではありません。この実験には意外な展開があります。最初の警戒反応が現れた後、理性を司る大脳前頭前野の反応に違いが見られたのです。

　事前調査によると、人種差別的性向を示した人々は前頭前野で特別な対処なく最初の否定的反応がそのまま続いたのに対し、人種差別的性向が少ない人々は前頭前野が活性化することで本能的拒否反応を抑制したということです。つまり、自分が持っている理性的認知の力で本能的反応を相殺したのです。人種差別主義者たちは理性の力をうまく活用できなかったということになります。これはおそらく個人的な違い、幼少期から学習された価値観や信念の違い、社会文化的な差異などが原因となるでしょう。

さらに重要な点があります。類似した別の研究では、幼い頃から多様な人種に接して育った子どもたちを調査しました。これらの子どもたちは辺縁系における否定的反応すら生じませんでした。意識と脳ですでに異なる人種に馴染んでいたためです。つまり、自分と異なる人々を恐怖の対象ではなく、親しみのある存在として受け入れることが可能だということです。

これは単に人種差別だけに限られた話ではないだろう。異なる性別、年齢、感情、思考、信念、価値観、倫理観、宗教、哲学、政治、文化など、あらゆる領域で同様のプロセスが起きているのではないだろうか。未知のもの、異質なもの、見慣れないものに対する本能的な拒絶反応を、私たちは克服することができる。

- 未知のものと冷静に向き合う方法

見慣れないものに対する本能的な拒絶反応を乗り越えるには、具体的にどうすればよいのだろうか。

まず、何かに対して否定的な感情を抱いたときは、それに「向き合う」ことです。感情であれ、思考であれ、人間関係であれ、状況であれ、回避や抑圧、無視によって解決できる問題はありません。向き合うとは、「喜んでその経験を受け入れること」とも言えるでしょう。対象を誤解したり歪めたりせず、「ありのまま、本来の姿のまま」認識し、気づくことが大切です。そうすることで、不必要なプロセスを避け、適切に対応できるようになります。

ある問題が継続しているのは、私がその対象をありのままに理解し、向き合っていないからかもしれません。そのため、正しく把握し洞察するプロセスを踏まなければなりません。これが否定的な心理を解決することによって外部の問題を解決する核心プロセスです。

　第一に、違い、馴染みのなさ、未知のものが当然存在し得ることをまず認めましょう。

　それらを無条件に受け入れたり賛成したりせよという意味ではありません。それはその後の問題であり、受け入れるかどうかは個人固有の選択です。その前にまず、どの領域においても異なるもの、馴染みのないもの、未知のものが存在し得ることを予め認識しましょう。そもそも多くの問題は「そのようなことがあってはならない」という考えが強すぎるために起こるのです。

　第二に、異なるもの、見慣れないもの、知らないものに対する否定的な感情や反応を「自然なもの」として認識することです。

　多くの人々は否定的な反応自体を対象化したり客観視したりできず、その反応に埋没したり同一視したりしてしまいます。そして自動的に否定的な反応だけをするようになります。このつながりを断ち切るためには、意識的に私たちの内部にある本能的な否定反応に気づかなければなりません。時には、この反応に気づいて否定性を抑圧したり回避したりしますが、先に述べたように抑圧や回避は決して解決策ではありません。結局、いつかは噴出してしまうものなのです。

　最も重要なのは、自分の中の否定的な反応が間違いでも罪でも未熟さでもなく、ただ本能的な自然な反応であることを認めることです。これは先ほど紹介したfMRI実験の中の最初の内容でもあります。このように健全に感じ、認識すること自体で否定的な反応のかなりの部分が解消され、次の反応へと自然に移行することができるのです。

　第三に、否定的な反応を架空の「恐れ、警戒、拒絶感」へと追加的に結びつけないこと。

　自分の否定的な反応が不必要に現れる無意識的な反応だと気づいたなら、今度は意図的、意識的にそれを気にしないプロセスが必要です。つまり、脳の本能的な反応を感じて理解した後、脳の理性的な機能を意識的に使うということです。大脳辺縁系が感じた否定的な反応を実際に使用する必要がないことに気づき、ただそれを手放すのです。「それは違う」ということを知るのです。そう感じられても、それは事実ではないため、感じつつも気にしないのです。

　さらに一歩進んで、中立的な反応あるいは肯定的な反応へと結びつければなお良いでしょう。もちろん、自分が本当に嫌いだったり嫌悪したりする対象に対してこのように対応するのは決して容易ではありません。絶え間ない学習と練習、訓練、反復などが必要かもしれません。私たちにはそうする心の力があるのです。この力を活用しましょう。それによって、人や状況、すべての未知の対象に対する本能的な警戒心と恐れを乗り越えることができるのです。

Summary

　人間は本能的に未知のものを恐れますが、これはもはや必要のない原始的な反応です。脳研究によれば、すべての人が初期段階で「人種差別的」な反応を示すものの、合理的思考によってこれを克服することができます。未知のものに対する恐怖を克服する方法は次の通りです：

　1) 違いや未知のことが自然であると認める。
　2) 否定的感情を自然なものとして認識する。
　3) 否定的反応を想像上の恐怖と結びつけない。

このようなアプローチを通じて本能的な恐怖を克服し、より良い反応ができるようになります。

4.7 私はどれほど自分を「喜んで」経験できているだろうか？

：自己受容の芸術

私たちは自分自身に問いかけてみる必要があります。
「私はどれほど自分を『喜んで』経験しているか？」

もしそうでないならば
そうしてあげるべきなのです。
自分を喜んで経験することなのです。

気づいたかもしれませんが
ここで重要な部分は「喜んで」です。

これは不必要な肯定と否定の判断や先入観なしに
クールに、ドライに、ありのままに「経験してあげる」ということです。

誤解しないでいただきたいのは、
「喜んで」という言葉が
自分が望むのは何もせずに
受動的でいろということではありません。
もし自分と他者と世界に
すべきことがあり、また変えるべきことがあるなら
すべて行いましょう。自由に。
そしてその過程における
自分と他者とすべての世界もまた
喜んで経験し、受け入れるのです。

その経験の波に乗るということであり、
その経験の洞窟を通り抜けるということなのです。
その経験の野原を通り抜けてあげるということであり、
その経験のゲームを楽しんであげるということです。

私の体、私の感情、私の思考、私の行動、
私の環境と状況、私の存在そのもの。

私が経験する自分についてのすべてのことに対して
無知であったり、無視したり、
避けたり、抑圧したりせずに
歪曲することなく
私がまず「喜んで」経験し、受け入れ、
認め、感じ、享受すること。

ひとつ、私の体を見てみましょう。
私は自分の体をどれだけ喜んで経験できているでしょうか？

人それぞれ、生まれつき持つ身体的特徴は様々です。
ある人は背が高く、またある人は低いのです。
ある人は肌が白く、またある人は色が濃いのです。
ある人は髪質が良く、またある人はパサパサしているのです。
ある人は体格が大きく、またある人は体が柔軟なのです。
ある人は頭脳明晰で、またある人は身体能力に優れているのです。

これは誰が優れていて誰が劣っているかという問題ではありません。
これはただ多様性と自由、そして自然なものなのです。

多くの人々は
現在の身体ではなく別の状態を夢見て

それを羨望し、同時に自分の身体から目を背けています。

そんな必要はないのです。
羨望は私たちの人生のエネルギーを無駄にするだけです。
昔の年長者たちは、他人を羨むことは
「持っていた福も逃げていく」とも言いました。
これは賢明な洞察です。

そうではなく、
せっかく生まれ持った身体であり、一生共に生きる身体なのですから
「喜んで」それを経験すればいいのです。
100%満足できなくて
別の身体的特徴を望むとしても、
それでも「喜んで」経験しながら生きることができるのです。
場合によっては簡単ではないかもしれませんが
だからといってできないわけではありません。

「喜んで経験する」というのは
条件が良いから、気に入ったから、優れているから
経験するという意味ではありません。

「喜んで経験する」というのは
好き嫌い、
優劣、
優越と劣等、
気に入るか入らないか、
これらすべてに関係なく
経験するということなのです。
すべての条件を受け入れて超え、

堂々と経験するという意味なのです。

二つ目、自分の感情を見つめよう。
自分が感じる感情をちゃんと大切にしているだろうか？
無視したり、些細なことだと片付けたりしていないだろうか？
私の感情や気分や感じることは
私にとっては「生命の声」なのに、
それを他者と世界の影響によって
あるいは自分自身の設定によって
自ら「そう感じてはいけない」と言いながら
あるいは自ら無視したり軽蔑したりしながら
抑圧したり避けたりしていないだろうか？

そうであってはならない。
他者と世界が何と言おうとも
私の感情や感じることは、私にとっては宇宙的真理なのです。

注意すべきは、この言葉が
自分の感情や気分に埋もれ、巻き込まれ
それが最高で絶対的な善だと思えということではありません。
それはむしろ、感情の主人であるべき私が
感情の奴隷になってしまうことなのです。

ただ「あるがまま」に認め、感じ、
受け入れ、大切にしましょう。

そうすれば私の感情は
自ら花開き、自ら癒され、自ら過ぎ去っていきます。
実は感情は、むしろ留めようとしても留められないものなのです。
そのように過ぎ去った感情を

私たちが繰り返し捕らえたり思い出したりするだけなのです。
　ですから、ただ手放して、その後の反応を徐々に減らしていけばよいのです。

　感情は私ではありません。
　感情は人生を有意義に生きるための
　ひとつの道具に過ぎないのです。
　私が感情の主人であり
　どんな感情が感じられ流れ去ろうとも
　私には何の問題もないのです。

　また、
　私の良い感情や気分はよく受け入れながら
　私のネガティブなものは
　私が払いのけたり無視したり存在しないかのように扱ったり
　扱ってしまっていないでしょうか？

　そうならないようにしましょう。
　それらに捕らわれ、影響を受けて
　私が否定的な状態になるべきだという意味ではありません。
　私の体の傷も私のものであり
　それをよく世話して癒やして治すように
　私の心の傷である否定的感情や感覚も
　また私のものであるため
　体の傷と同じように認め、受け入れ、
　よく世話をして癒やしてあげましょう。

　感情と自分を同一視して
　感情に捕らわれたり埋もれたりせずに
　主人として上手く気づいてあげ、上手く感じてあげ、

上手く包み込んであげ、上手く認めてあげれば
感情は過ぎ去り、解放されるのです。

三つ目、自分の思考を見てみましょう。
私は自分の思考を
どれだけ喜んで経験しているでしょうか？

目覚めている一日の間中
そして今この文章を読んでいるこの瞬間にも
思考は絶え間なく湧き上がり、過ぎ去っていきます。
これはほぼ脳の自動機能なのです。
私が思考をコントロールするというより
思考は自然と生まれ
私の意識のスクリーンを通り過ぎていくのです。

思考を喜んで経験するということは、
まずは自分の思考をよく理解することです。
自分が何を考えているのかを。
次に、思考の正体に気づくことです。
私が思考の主人であり、思考が私ではないということを。
思考は私と人生の道具に過ぎないということを。

だからどんな思考が浮かんで過ぎ去っても
否定したり埋没したりせず
健康で堂々と自分のすべての思考を
喜んで経験することができるのです。

そして、
思考が浮かんだままに自動的に反応するのではなく
その思考を活用し使いこなすことなのです。

その思考が有用で必要であれば上手く活用し、
浮かんできたけれど特に役に立たないならば
ただ流してしまいます。
そうすれば思考は過ぎ去ります。
私が捕まえなければ、ただ過ぎ去っていくのです。

もちろん不必要な思考が繰り返し浮かんでくることもあります。
そのときは「あ、また浮かんできたな」と認識しながら
それに対して否定の感情も肯定の感情も抱かず、ただ送り出してあ
げるのです。
「また会えて嬉しかったよ。さようなら〜」と言いながらです。

その考えは私自身ではないからです。

このように私の考えを喜んで経験すればするほど
私はだんだんと考えの主人となり、考えを使いこなし
考えに利用されなくなります。

四つ目、私の行為と環境と状況を見てみましょう。
ひとつの法則だけをうまく活用すれば良いのです。
それは「私の仕事と神の仕事の区別」です。

私たちは自分の行為の意味と結果について
過度に心配してしまいます。
果たして正しくやっているのか
意味があるのか
その結果が良いかどうかなどということだ。

周囲の人や状況についても同じことが言える。

他者たちの反応、
他者たちの感情や考え、行動が
私が望むようになることを切望する。

私を取り巻くその他の環境や状況もまた
できる限り私の望むように
構成され、流れていくことを願う。

しかし私たちは「自分のこと」と
自分のことではないこと、つまり「神のこと」を
明確に区別しなければならない。

ここで言う「神のこと」は
宗教的なことを指しているのではない。
「私の仕事」ではないすべてのことを指します。

行動の結果、他者、環境、状況について
私たちは自分の仕事ではないもの、
自分ではどうすることもできないものさえも
おこがましくも「自分の仕事」であるかのように勘違いし、
落ち着かず、どうしたらいいのかわからなくなります。

私が触れることのできない神の仕事を
自分の仕事として努力し始めるとき、
私たちの苦しみは始まるのです。
私は「自分の仕事」だけを、
自分ができることだけを
最善を尽くして行えばよいのです。
そのあとの「神の仕事」は
神に委ねなさい。

神にも為すべきことがあるのだから
神に委ねてしまいなさい。

そうすれば私の仕事ではないすべてのことは
自然の流れに従って進んでいくだろう。
この人生の知恵をいつも心に留めておこう。

最後に、私の存在性を見つめてみよう。
先に見た私の感情、思考、行動と
それらを超えたすべての総体が
まさに私の存在性なのである。

私は自分の全存在性を喜んで経験できているだろうか？
それとも、ある部分は受け入れるが
ある部分は自ら否定し続けているのだろうか
避けて、無視して、存在しないふりをしていますか？

そういうものがあるならば
今からひとつずつ喜んで経験し
占領していきましょう。

もちろん他者と世界に変えるべきものがあれば
これもできる限りのことをして変えていきましょう。
これは私たち全員が当然持っている権利であり
義務でもあるのですから。
能動的な対応と行動もまた
喜んで経験することに含まれます。

それと同時に
他者や世界との関係性に関わらず

私は私のすべてを
喜んで経験を受け入れる人生を生きましょう。

そして
ついに
他者と世界までも
喜んで受け入れ
喜んで手放しましょう。

Summary

自分自身を喜んで経験することは自己受容の核心です。これは判断せずにありのままの自分を経験することを意味します。このプロセスは身体、感情、思考、行動、環境など、自分のあらゆる側面を含みます。重要なのは「喜んで」経験することであり、これは好き嫌いに関係なくすべての状態を受け入れることを意味します。また、自分の仕事と「神の仕事」を区別し、制御できないことについて不必要に心配しないことが重要です。究極的には、自分のすべての存在を喜んで経験し受け入れることによって、より豊かな人生を送ることができるのです。

第5章 関係性の主人公を目指す人々へ

5.1 「私は主人公ではない」と感じる人々へのメッセージ
：主人公神話を打ち砕く - 主人公から自分の人生の監督へと視点
を移行する

ある演奏家が素晴らしいコンサートホールで
美しいチェロの演奏をしている。
聴衆は魅了されたように演奏を鑑賞している。

この状況において
誰が主人公なのか？

誰も主人公ではない。
同時に皆が主人公である。

必要であれば主人公を決める。
しかし、あえて必要でなければ決めない。
必要なら私が主人公になってあげる。
必要でなければ他の人を主人公にしてあげる。
そのため、主人公はいたりいなかったり、
いなかったりいたりするひとつの設定に過ぎない。

演奏者でも聴衆でもスタッフでも誰であっても
「主人公」という限定あるいは制約とは関係なく、
主人公だと思おうが思うまいが関係なく
堂々と胸を張って存在することができる。

人生における関係性、日常、仕事においても同様だ。

私たちは、

主人公であるかないかを超えて
そのすべての設定の主である。

　関係性において、仕事において、日常において、私たちは誰がより重要な人なのか、より中心となるのか、より意味があるのかなどを絶えず考える。あからさまにすることもあれば、内心で一人でするときもある。時には意識的に、時には無意識的に。

　二人だけの恋愛関係、数人の友人関係においてさえ、そのような区別は可能だ。まして集団においてはなおさらである。一種の「比較する心」とでも言えようか。あるいは人間の意味や価値を決定する行為でもあります。

　比較の習慣には例外がありません。すべての人の羨望を受ける「主人公」クラスの人でさえ、自分と似たような人々が集まる集団に入れば、そこでもまた新たな主人公は誰か、自分がなれるのかを考えるようになります。ニュース記事にも取り上げられた「アメリカの名門大学生たちの自殺問題」もそのような文脈にあります。それぞれの場所で最高の扱いを受けていた人々が一か所に集まると、そこでも誰が主人公なのかを本能のように比較し始め、自分ではないと感じる人々は能力や地位、存在に対する圧迫感とストレスから、結局死を選んでしまうのです。

　このように「人生の主人公を決めて比較すること」は、あらゆる場所で繰り広げられる心のゲームなのです。

　静かに考えてみましょう。

　「主人公」、「非主人公」という設定とは、一体何なのでしょうか？

　これは果たして実際に意味と価値があるものなのでしょうか？

　ある人はこのように言うかもしれません。私はどんな関係性やグループ、状況においても主人公のようなものにはあまり関心がないと。しかし、ここでの「主人公」という言葉は一種の象徴的な表現なのです。言い換えれば「より意味のある人、より重要な人、より価値のある人、より丁重に扱われる人」などを意味します。このようなことまで気にする人は多くないでしょう。

逆にこう言うこともできます。少し気にしたところで何が悪いのか。そんな気持ちは人情というものではないか。その通りです。それは自然なことかもしれません。問題はそのために心が苦しむ場合です。悩みもなく、辛くもなく、不満もないのであれば何が問題でしょうか。一方、主人公になることに神経を使い、心が辛く、面倒なことが起きるのであれば問題を解決する必要があります。

答えを先に言えば、このようになります。

人生のどの瞬間、どのような状況においても、主人公などというものは存在しない。

したがって、主人公でないものも存在しないのだ。

私たちはそのようなことに関係なく、常に堂々と胸を張って存在している。

「主人公がいない」という意味ではなく、「主人公」という概念自体が存在しないということだ。そのような概念を気にかけないということなのだ。関与せず、影響を受けないということだ。つまり、最初からより重要な人、意味のある人、価値のある人を区別してより特別に扱う名称である「主人公」と、そのように名付ける「区別行為そのもの」を超越することを意味するのだ。それは必要に応じて行うことに過ぎず、絶対的なものではないと気づくことです。実際に主人公の役割を担う人がいるかどうかはまったく重要ではありません。必要であれば誰でもその役割を果たせますし、また果たすべきなのです。

明らかにより活動的な人、より知識のある人、より積極的な人、より重要な人がいるのに、それはどういう意味かと思われるでしょうか。そのような人々が存在することは事実です。しかし、彼らにあえて「主人公」といった名称を付けて限定することは、その人の実像とは何の関係もないのです。これは逆に主人公ではない人にも同様のことが言えます。主人公がいなければ、主人公ではない人も存在しないのです。そのような制限、設定、限定があろうとなかろうと、私たちはそれとは関係なく、堂々と胸を張って存在しているのです。

　少し上手な人であれ、下手な人であれ、ただそれだけのことであり、そのために余計に得意になったり、萎縮したりする必要はないのです。

　実際に私たちが苦しんでいる部分は、誰が主人公かということよりも、「私は主人公ではない」、つまり「私は大したことがない」という感情と思考です。この心理には誰も例外はありません。ある場所では主人公である人が、別の場所では何者でもなくなってしまうことがあるものだ。特に自分が関係性を結び所属している場所で連続して「主人公ではない、つまり何者でもない人」になると、憂鬱さ、心理的萎縮感、自己嫌悪感、自己卑下、自己失望、無気力感、無能力感、孤独感などを感じるようになる。

　例えば、有名人の中にはパニック障害的症状を経験する人が少なくない。自分が人々から脚光を浴びるとき自我感覚が過度に膨張し、人々がもはや歓声を送らなくなると急激に崩壊してしまう症状である。もちろん一般の人々も様々な状況において同様の経験をすることがあります。時には「今このように認められているが、後に何もできない本当の自分が露呈したらどうしよう」という不安から生じる場合もあります。

　社会生活を送る大人たちも抱える問題ですが、最近では子どもたちもこのような否定的な心理の犠牲者となっています。調査によれば、韓国社会の子どもたちは特に他者との比較や競争による「自己に対する否定的な心理」に苦しむ度合いが、他国の子どもたちと比較して著しく高いことが示されています。彼らは不必要な苦悩を抱えているのです。

　それぞれ能力や趣味、性向が異なるため、様々な場面で「あまり重要でない人」という経験をすることがあります。「より重要な人」の経験も同様です。それ自体には何の問題もありません。存在しない問題を引き起こすのは、「主人公、より重要な、意味のある人」と「そうでない人」という意識的な設定、区別、比較なのです。

　例えるなら、何も描かれていない白い床の上に立っているのに、突然自分あるいは誰かが周りに丸く円を描き、その後、自らがその中に閉じ込められたと思い込むようなものです。「主人公」という、時には「非主人公」という円の言葉である。必要がなければ円の外に出ればいいのに、そうできないのである。出られないのではなく、「出られないと信じている」だけなのである。さらに、その円を必ず消さなければならないわけでもない。円が描かれていても構わないということを知ればよい。ただ必要に応じてその円を利用するのである。

　「ガラス瓶実験」として知られる有名な実験がある。ガラス瓶の中にハエ一匹を入れて、入り口をガラス板で塞いでおく。ハエは何度も外に出ようと試みますが、毎回ガラス板にぶつかります。結局、ハエはガラス瓶の中をぐるぐると回るようになります。その後、ガラス板を取り除きます。今や入口は開いていますが、ハエはまだガラス板の近くまで行ってから再び瓶の中へ飛んでいくだけで、外に出ることができません。

　これは実際の実験でもありますが、それ自体がひとつの比喩です。実際には出られないのではなく、「出られない」と信じる「心のガラス板」についての比喩なのです。

- 再び、誰が主人公なのでしょうか？

　もう一度、最初のチェロ演奏のシーンに戻ってみましょう。

　誰が主人公なのでしょうか？もし演奏者にとって非常に重要な演奏会であれば、彼を主人公として設定すれば良いのです。もし誕生日パーティーや結婚式の披露宴、あるいは特別な観客のための場であれば、その個人や観客たちが主人公となります。やはり状況と必要に応じて決めて使用すれば良いのです。

　主人公という設定を否定したり、拒否したり、存在しないと言ったりする必要はありません。必要ならばその設定を作って使用し、必要なければ「単なる設定に過ぎない」ということに気づくことが大切なのです。明確に気づけばつくほど、不必要な反応は徐々に消えていくものだ。

一方では、このような考えも浮かんでくる。

聴衆がいなければ、演奏会に意味があるだろうか？演奏者がいなければ、聴衆がそこにいる理由があるだろうか？イベントスタッフも同様である。楽器はどうだろうか？何よりも、演奏の音がなければどうだろう？これらすべてが調和した結果がその演奏会なのだ。どの要素も独立して存在することはできない。これらを演奏者、聴衆、スタッフ、楽器などに分けることは便宜上の区分に過ぎない。すべてが同時に必要なのである。つまり主人公、非主人公の区別は本質的には意味がないのである。

見方によっては、私たちの人生のすべての出来事がそれぞれ新しいチェロの演奏会とも言える。恋愛関係性、家族、友人たち、集まり、学校、会社、様々な共同体、そこで起こるすべての現象、関係性、出来事をありのままに堂々と喜んで経験していこう。不必要な設定や、意味のない円の中、実際には存在しないガラス板に閉じ込められないようにしよう。それらが描かれていたとしても、実際には関係ないということを理解しよう。私たちはこれらすべての設定と円を作り出し描いた主であり、その中に閉じ込められる存在ではありません。むしろ閉じ込められることなど不可能なのです。'主人公'という設定さえもそうです。

Summary

'主人公'という概念は実際には意味を持ちません。あらゆる状況で誰かを主人公に指定する必要はなく、必要な場合にのみそうすればよいのです。重要なのは主人公であるかどうかではなく、すべての人が自分の役割において自信を持ち、誇りを持って存在できるということなのです。私たちはこれらの役割の主人であり、不必要な比較や区分から解放されるべきです。人生のあらゆる側面は新しいチェロの演奏のようなもので、すべての要素が同時に必要かつ重要なのです。したがって、私たちはこうした設定と境界線の創造者として、自分の人生を自由に、そして自信を持って経験していくべきなのです。

5.2 自分を安売りしてはならない

：自己尊重の技術―身体、感情、そして思考

誰かに、あるいは普段自分が所属しているグループの人々に無視されているような感覚を持っているなら、まず確認すべきことがあります。

通常、そのような場合は他者やその状況に責任を転嫁します。自分としては適切に考え、表現し、行動しているのに、他の人々や環境が自分を無視していると感じるのです。

「自分」に関連するすべてのことの責任は、正確に50対50です。つまり、自分の責任が半分、外部の責任が半分という意味です。そして、この二つは有機的につながっているため、一方が変われば他方も連動して変化します。（その意味では、自分の責任100％という表現も可能です。）

日常生活で他者から尊重と成熟した扱いを受けるよりも、軽蔑や無視を受けていると感じるなら、その原因はとても単純です。

あなたが先に自分自身を「安価」で差し出し続けているからです。

あまりにも自明な答えではないかと思いますか？文字通りの内容はそうです。しかし、物事を見つめる方法は異なります。他者や世界に自分自身を「安く」提供する習慣にはさまざまな形があります。大まかに身体、感情、思考という三つの領域について考えてみましょう。三つのことが同時に起こることもあれば、ひとつだけ起こることもある。

身体を差し出すということは、文字通り他者が自分の身体を思いのままに使うことを許すことである。もちろん身体を勝手に触ったり、わいせつな行為をさせるという意味ではない。生きていく中で直接身体を動かして行うすべての活動や行為を指している。

感情を差し出すということは、自分の感情とその反応を安価に提供することである。自ら進んで自分の感情を軽んじるのである。そのため、他者も私の感情的な側面をあまり考慮せず、無視するようになる

のです。持ち主が価値を認めないものを、他者が貴重に扱う理由など
ないでしょう。

　自分の感情だけに忠実で、それのみを大切にする利己的な人間にな
れという意味ではありません。まず自分自身が、自分の感情が人生の
重要な要素であり伴侶であることを認識し、それをしっかりと感じ、
適切に察知し、適切に表現し、上手に解放していくべきだということ
です。

　自分が先に自分の感情を大切にしなければ、他者は当然それを知ら
ないか、あるいはそう思い込んでしまうものです。仕方がありません。
私たちの中にテレパシー能力を持つ者はまだ存在しないのですから。
そのため、他者も意図せず私を、私の感情を無視することになります。
まるで価値のないものだと思い込んでしまうのです。

　最後に、自分の考えを表現できないというのは、自分の考えや意見、
観点に埋没したり執着したりして、客観的に表現することができない
状態を指します。したがって、私と他者にとって役立つひとつの「客観
的要素」として、「適正な価値」を受け取るに値するよう、適切に表
現し提示する術を知るべきである。

　例を挙げると簡単に理解できる。たとえばAが山に登ろうとしている。
Bはその山の前に住んでいる。Cは山の左側に、私は山の後ろに住んで
いる。今、BとCそして私はAを助けようという思いから、「山の位置」
について、それぞれ異なる説明をする。もしAが賢明であれば、三人の
言葉をすべて聞いて、山の位置を正確に把握することができるだろう。
このとき、もし私が自分の考えよりもBやCの考えを過度に優先して、
自分の考えを適切に表現しないとしたら？かえって問題が生じる可能
性もあるのです。私の考えもまた他者たちに役立つ「客観的要素」と
して、その価値に見合うよう表現し提示すべきなのです。私自身と他
者の両方のためにです。

　今こそ自分の身体と感情と思考にまず適正な価値を見出し、他者た
ちと世界に適正な価値として提供しましょう。そして他者たちにも適
正な価値を認めていきましょう。

Summary

自分を過小評価する習慣は、身体、感情、思考の三つの領域で現れることがあります。身体を粗末に扱ったり、感情を軽視したり、思考を適切に表現できないことがこれに該当します。自分の価値を正しく認識し、表現することが重要です。これは利己的になれということではなく、自分のあらゆる側面を大切にし、適切に表現するという意味です。自分を尊重するほど、他者も自分を尊重するようになるでしょう。また、他者の価値も同等に認めなければなりません。

5.3 私を苦しめる「反対意見」への対処法
：反応（Reacting）ではなく対応（Responding）の芸術

　反対はいつも辛いものである。私の見解や考え、表現に誰かが反対するとき、どのように反応し対処すべきだろうか？普段どれほど親しい間柄であっても、反対意見ひとつで争いが生じることがあり、私の反対意見によって相手が心の傷を負い、関係性が断絶することもある。

　近年はSNSなど自分の意見を表現する機会が多く、それに対する反応を得る機会もそれだけ増えている。時には互いに少し'強い'と思われる反対意見で議論が白熱することもあります。もちろんオフラインでも同様です。

　反対意見に直面した時、最初に起こるのは'生理的反応'です。つまり、身体の物理的な反応です。主に緊張反応、交感神経反応といった自律神経系の興奮反応が起こります。それぞれが生まれ持った生理的機制によって反応の程度と強度は異なりますが、突然全身の筋肉がピクッと緊張したり、下腹部のある部分で何とも言えない不快感が生じたり、胸がドキドキしたりすることもあります。顔に血が集まって熱くなることもあるでしょう。このような生理的反応とは別に、不快感、理不尽さ、怒りが湧き上がってくるでしょう。

　これらすべては極めて自然な反応です。特に私が心が狭いからでも、心が弱いからでも、傲慢だからでも、幼いからでも未熟だからでもありません。生きている生命体なら当然感じることなのです。

　もちろん、訓練や洞察によっていつかは最初の生理的、心理的反応が次第に弱まることもあるかもしれませんが、それが目標である必要はないのです。単細胞生物であるアメーバでさえも、何かに接触すると反応を示すのです。「反応」とは極めて自然なものであり、それがないことのほうがむしろ異常なのです。

　これには脳科学的な根拠も存在します。最新の研究によれば、心理的障害と物理的障害に対して反応する脳の部位は同一であるとされています。つまり、人が実際に歩行中に物理的な障害物を発見した際に活性化する脳の領域と、宗教や思想、あるいは自分の所属集団などに対する抽象的・心理的な脅威や反対意見、障壁に直面した際に活性化する脳の領域が同じだということなのです。

　核心は二次的な反応にある。つまり生理的、心理的反応に対する私たちの二次反応がより重要なのである。私たちの思考が前進するとき、他の考えとぶつかり自然に生じる衝突感や抵抗感に対して、私たちはどのように反応するのだろうか。

　二次反応の中で最も厄介なのは二次的な「感情反応」である。一次的な生理反応は良し悪しのない純粋な信号であるにもかかわらず、私たちはその信号を主に否定的に（特に反対反応においてはなおさら）解釈し、感じてしまうのである。この「否定的な解釈と感情」がまさに私たちの二次反応となるのです。

　一次反応は文字通り最初の純粋な反応です。方向の異なる二つの存在がぶつかる時に生じるものだからです。ただありのまま、感じるままに受け入れ、認め、納得し、受容すればよいのです。そしてその反応自体について気にしないことです。ただうまく「活用」するのです。アメーバのように何かが前にあれば乗り越えるか、迂回するか、反対方向に進むのです。それが正解なのです。

　避けられない一次反応とは異なり、二次反応はコントロールの余地があります。つまり、私たちの努力次第で改善の可能性があるのです。それでもうまくいかなければ、三次、四次で再度試みればよいのです。

　通常、不可抗力の一次反応をどうにかしようとしたり、受け入れられずに心理的に許容しようとしないことで様々な問題が発生します。これらはすべて二次反応です。この点に気づくことが重要です。つまり二次反応とは、自然な一次反応を自然だと認めないこと自体です。一次反応を「処理しなければならない」と考えて生じるすべての反応なのです。これは非常に巧妙に進行するため、ほとんどの場合気づくことができない。

　反対意見に対する最も一般的な二次反応は、自分に対する否定的な感情である。「私は甘く見られているのか？私はつまらなく見えるのか？私は何か間違ったことをしたのか？私を何だと思っているのか？私のことを認めていないのか？」など様々なものがある。反対、衝突、抵抗は実際には「私」とは何の関係性もないのだが。ただ「私の考え」のひとつの断片に、もうひとつの「考えの断片」が衝突しただけである。もちろん、その考えを抱いて表現した主体として考えと自分を同一視するプロセスはありますが、それとは関係なく、その考えは自分自身ではないのです。多くの人が反対意見に対して自分の「考え」ではなく「自分自身」と関連付けてその状況を展開します。そして、混乱に陥ってしまうのです。

　例えるなら、私がボールをひとつ投げたところ、誰かが投げたボールが私のボールにぶつかるようなものです。予期せぬ状況に怒りを感じたり、不快な気分になったりすることもあるでしょう。そうであっても基本的にボールはボールであり、私は私である。ボールを返さなければならない手間はあるだろうが、「ボールを投げた私」は本質的にその衝突とは何の直接的関係もない。

　もう一つの二次反応は相手に対して抱く否定的な感情である。「あの人は何なんだ？なぜ私を嫌うの？人はなぜあんなに否定的なの？なぜあんなに考えが浅いの？なぜあんな風に考えがおかしいの？よし、私も仕返ししてやる、後で見ていろ、お前は終わりだ」などさまざまだ。

　再び例えるなら、相手が表現した考えとは、その人が投げたボールのようなものです。その人自身がボールではないように、その人の考えもその人自身ではありません。私たちは通常「その人」を攻撃したり、憎んだり、怒りを向けたりします。そしてまた混乱に陥るのです。

　もちろん、単なる意見表明で終わらず、深刻な事態へと発展することもあります。そのような場合には、状況に応じて積極的かつ能動的な対処が必要となります。何もせずじっとしていなければならないということでは決してないので、誤解しないようにしましょう。この文章は、最善の行動をとりつつも、私たちの心をどのように保つことが最も良いのかについての話です。

　私たちが日常で接する反対意見は、ほとんどが「ただ考えが異なる」だけのことです。考えが異なるからといって、新たな問題状況が発生するケースはまれです。それにもかかわらず、私たちは「考えの違い」さえ許容し受け入れることができません。一種の「精神的独裁者」になってしまうのです。もし私に力があれば、異なる考えなどを容赦なく排除したり削除したりしたくなるかもしれません。頭の中の「思考の国」では、すでに独裁者になっているのです。もちろん、実際に外部に表現しない限り大きな問題はありませんが、私自身が苦しくなります。

　さて、これまで見てきたように、反対意見に対応するポイントは二つあります。

　一つ目は、衝突と抵抗によって起こる一次反応を自然なものとして受け入れ、理解し、気づくことです。それによって不必要な後続反応へと移行することを防ぐことができます。

　第二に、一次反応に対する追加的な解釈や感情である二次反応を適切に扱います。起こるがままに喜んで経験しましょう。言い換えれば、無心になるということです。起きようが起きまいが気にせず、ただ置いておいて自然に流れ去り過ぎ去らせましょう。二次反応を直接調整したり変えたり取り除こうとしないことが重要です。そのような意図自体が二次反応になってしまうからです。扱われていない、つまりコントロールされていない二次反応に対しても、まるで一次反応を見るかのように自然に受け止めることが重要です。このように心を扱いながら、実際に外部的にやるべきことはすべて行えばよいのです。

Summary

　相反する意見に対処する方法には、二つの重要なポイントがあります。第一に、衝突と抵抗による自然な生理的反応を受け入れ、理解する必要があります。これにより不必要な後続反応を防ぐことができます。第二に、一次反応に対する追加的な解釈や感情である二次反応を適切に扱わなければなりません。二次的反応をそのまま受け入れ、無関心になることが重要です。制御されていない二次的反応も、一次的反応と同じように自然なものとして捉えるべきです。同時に、外部的な行動は必要に応じて適切に対処する必要があります。このようなアプローチは、相反する意見から生じる不必要な葛藤やストレスを軽減するのに役立ちます。

5.4 もう「都合のいい人」にならないために

：フレームを超えて—独立性と自信を育む

　ある意味で、人生は終わりのないフレーム争いの連続といえるでしょう。ここでの「フレーム」とは「思考の枠組み」と考えればよいでしょう。自分のフレームの中に相手を捕らえて閉じ込めることができるか、あるいは私が相手のフレームからどれだけ自由でいられるかという争いなのです。

　フレームは生活のあらゆる領域に存在します。自分に対する自己イメージをはじめ、私の環境、私の価値と能力と存在性、私の価値観、仕事に対する視点、関係性と人生に対する考え方、様々な道徳、倫理、宗教、哲学観、科学観など、すべてがこれに該当します。一言で言えば「あらゆる領域における特定の視点」を指します。

　理論的にフレーム戦争で勝つ方法は簡単です。相手の取り込み作戦に巻き込まれなければいいのです。そこに閉じ込められなければいいということです。言うは易しですが。しかし現実では、人や状況に容赦なく巻き込まれてしまいます。まるで魔法の呪文にでもかかったかのように。

　なぜでしょうか？次の事実を見過ごしているからです。

　フレームは「絶対的な事実」ではありません。ただの「思考の枠組み」に過ぎないのです。

　他者と社会が提示するフレームは「彼らの枠組み」に過ぎないのです。もちろん状況によっては、より事実に近いか、より実用的で意味のあるフレームが存在することもあります。また、外部のフレームだからといって、すべて否定すべきではありません。もし、あるフレームが私のものより客観的に、あるいは有用性の面でより正確で有利であれば、喜んで受け入れ活用することが自分自身にとっても有益です。

　問題はそうでない時です。外部から主張されたり強要されたりするフレームが、私にまったく役立たなかったり、正確でなかったり、さらには間違っていたりするにもかかわらず、知らず知らずのうちにそのフレームに閉じ込められてしまうことが多いのです。いや、「閉じ込められる」という表現は適切ではありません。実際は「自分自らがそのフレームの中に入っていく」のです。

　ここには非常に巧妙なプロセスが潜んでいます。それは人間の対話習慣に起因するもので、私たちはほぼ自動的に相手が言った内容を事実として受け止め、会話を交わしているのです。そのようにすることで円滑で有効な対話が進行することは確かです。しかし厳密に言えば、これは私たち自身が作った「設定」です。会話とコミュニケーションの便宜のためにそうすることにしたのです。ある瞬間から私たち自身の選択であることを忘れ、「相手が言ったことは本来重要だ、絶対的だ、事実だ」と思い始めます。これは無意識的な自動反応です。

　問題は、そうする必要がない時でさえ、無意識のうちにそうしてしまうということです。

　私たちは相手が投げかけたフレームを常に重要で絶対的なものと考え、そのフレーム内で考えたり会話したりする必要がない時でさえ、往々にしてそうしてしまいます。それはすでに習慣として定着していて、自然なことだからです。しかし、このパターンを機械的に繰り返していると、いつの間にか相手が提示したフレームが不必要な場合でも、自らそこに陥ってしまうのです。つまり、閉じ込められてしまうのです。それは相手のフレームが強力だったり特別だからではなく、私たち「自身がそうすることを選んだ」からです。この点に気づくことが最も重要なのです。

　これはある種の「進化的な便法」とも言えるでしょう。わざわざ労力をかけてフレームを作り出すよりも、相手が提示した適切なフレームを容易に利用しようとする心理が働くためです。これは一種の効率性の表れです。しかし、そうでない場合、つまり自分にとって不必要あるいは有害なフレームも当然存在します。このような場合でも安心感を求めて無批判にそのフレームを受け入れてしまうと、最終的に副作用が生じることになります。

- 相手のフレームが有用かどうかを判断する

　提示されたフレームをどう扱うかは、ある意味では純粋な選択の問題です。多くの場合、この機制は無意識的に働きます。だからこそ、これを意識化する必要があるのです。意識化することで、どの選択がより賢明で有用かを能動的に判断できるようになります。これこそが「無意識の意識化」の効果なのです。

　外部のフレームに直面したときには、常に次の二つの原則を考慮しましょう。

　1. 自分に必要であれば、相手のフレームを中心に対応します。それに合わせて思考や反応、行動をとることである。
　2. 自分にとって不必要であれば、あえて相手のフレームの中で反応せず、無関心を装うか、または別のフレームを提示する。

　この二つのことだけをしっかり心がけても、日常で相手の言葉や意図に知らぬ間に巻き込まれ、「扱いやすい人」になってしまう失敗をかなり減らすことができる。

　1番のように相手が言った内容と相手のフレームを重要視し、それを中心に会話を進めることは決して間違った行動ではない。それは人間がコミュニケーションを交わしながら発展させてきた進化の産物です。非常に有用で賢明な方法なのです。したがって、そのようにすることは非常に良いことです。また、今日のように共感が重要視される時代であればあるほど、そのような能力をさらに発展させるべきでしょう。そうすることで、相手や周囲の状況をより良く把握し、より効果的な対応ができるようになります。

　しかし、これだけでは不十分です。過去にはこれだけを行っていたとすれば、これからは2番目の方法のように、不必要なフレームに無関心でいるか、あるいは別のフレームを提示してみましょう。自尊心をかけた争いや気の張り合いをするよう勧めているのではありません。むしろ、より効率的で有益な状況を作り出すための努力なのです。自分自身と相手の両方のために。

　私に提示されたフレームがすべて正しく、すべて適切であるとは限りません。当然ながら、正確性、妥当性、合理性、適切性などを厳密に検討する必要があります。いかに相手の言葉を重視し、それに注目するよう私たちが進化してきたとしても、状況に応じてその適用方法を変えなければなりません。

　少し注意を払えば、この二つを同時に確認し、適切に対応することができます。もちろん、容易ではないかもしれません。過去のパターンが強い場合、明らかにわかっていても、無力に相手のフレームに捕らわれてしまう自分を繰り返し目にすることでしょう。しかし、そうだからといって失望したり挫折したりせず、継続して試み続けることが大切です。フレームの活用とフレームの拒否を同時に心に留めておくのです。意識的に自分が二つの選択肢のうちどちらを選ぶのか、自ら認識することが重要です。そうすると徐々に意識に刻み込まれ、実際の対話でも応用できるようになります。そして、ある瞬間から、この二つのことがリアルタイムで明確に区別されるようになります。見えるようになるのです。相手のフレームに無我夢中で巻き込まれることなく、冷静に「果たしてこのフレームは受け入れるべきものなのか」を見極められるようになります。それが見える分だけ、能動的な選択ができるようになるのです。

　外部のフレームに無力に引き込まれることなく、冷静にその有用性を検討しながら取り入れるかどうかを決定する自分を観察することは、言葉では表現できないほど充実した体験となるでしょう。

- 犬は投げられた石を追いかけるが、獅子は石を投げた人に襲いかかる

　相手のフレームに簡単に引っかからず、甘く見られる人にならない

もうひとつの方法は、そのフレームの内容ではなく「話した人自体」に襲いかかることです。これについての最も有名な比喩は次のとおりです。

「石を投げると、犬は石を追いかけるが、獅子は石を投げた人に襲いかかる」

　例を挙げてみましょう。誰かがあなたの外見や体について否定的なフレームを投げかけます。醜いとか太っているとか言いながら。あるいは無能だという言葉を言うかもしれません。そうすると、たいていは投げられた「石」を追いかけ始めてしまいます。私たちの感情や思考、反応はフレーム、つまりその言葉の内容に即座に巻き込まれてしまうのです。

　その結果、二つの反応を示します。相手が指摘した自分の醜さあるいは無能さだけを意識し、そこに全神経を集中させて否定的影響をそのまま受け入れてしまうのが、一つ目の反応です。二つ目の反応は、その言葉に反論したり抵抗したりしながら怒りを表すことです。表に出して表現しようが、内に秘めて耐えようが、どちらの反応も犬のように一生懸命にその石だけを追いかけているのである。つまり、そのフレームの牢獄に自ら入っていくのである。もしかしたら、石を投げた人はその姿を見ながら、意地悪な微笑みを浮かべているかもしれない。

　「投げられた石」を追いかける最大の理由は、そのフレームに関連して自分自身に縛られすぎているからである。注意と関心を自分自身だけに向けているからである。だから身動きが取れないのである。自分に関心を持つなとか、自分を重要視するなという意味ではありません。私たちは誰よりも自分自身に関心を持ち、自分自身を大切にしなければなりません。問題は、必要がないときでもそうしてしまうことです。必要なときだけそうすればよいのです。あるいは、常に当然のこととして心の底に置いておけばよいのです。そして、あえて必要のないときは自分に対して無関心でいる方がむしろ効果的です。そうすれば、相手があなたについてどんなフレームを投げかけても心が動かされなくなります。なぜならフレームに引っかかる「私」が存在しないからです。簡単ではありませんが、正しく行えば最も強力な方法がまさにこれです。

　それでは獅子のように「石を投げた人に飛びかかる」という言葉はどういう意味なのでしょうか？

　相手の言葉やフレームに注意を払うのではなく、発言した当事者へと関心の焦点を移すことです。これは主に質問や疑問の形式をとることが多いです。

　「この人はなぜ私にこんなことを言うのだろう？」

　「どんな事情があるのだろうか？」

　「こんな言葉を軽々しく発するところを見ると、人格が未熟なのかもしれない。」

　「自分の外見にコンプレックスがあるのではないだろうか？」

　ここで相手がなぜそのような言葉を発するのか気になるのは、理由や過ちを問うためではなく、「その人自体」に注意の焦点を向けるためである。単に気になるのである。たとえ気にならなくても、その人の言葉（フレーム）ではなく、そのフレームを作った人自体に飛びかかるべきなのだ。獅子のように「ガオー！」と。おそらく相手は驚愕するだろう。「石を追いかけるつもりだったのに、突然私に襲いかかるなんて！」

　心の中で気になるだけでなく、実際に質問することもできるのです。私に否定的な言葉を投げかける人がいるなら、その内容に囚われたり、それに流されたりするのではなく、毅然とした態度でその人に質問を返すのです。

　「ところで、なぜそのような発言をされるのですか？」　「あなたは誰かから醜い（あるいは無能だ）と言われた経験がありますか？」

　「あなたはそのような言葉を軽々しく口にする人ではないと思っていたので、失望しました。私の判断は間違っていたようですね。」

　「もしかして外見至上主義者ですか？」

　「誰かがあなたにそのような言葉を軽々しく言ったら、どのような気持ちになるでしょうか？」

　この他にも可能な質問は数多く存在します。

　このようにフレームではなく、その人自身に焦点を合わせると、いくつかの利点が生まれます。ひとつは、もはや不必要なフレームを中心に置いて自分の思考が振り回されなくなるということです。不必要なゲームに巻き込まれることもなくなります。二つ目は、不必要なフレームを作った相手に対して、ある種の警告を与えることができるという点です。これは私がむしろ逆フレームをかけることでもある。それによって相手のフレームが機能しないようにするのだ。相手に対する言及や逆質問は、相手のフレームにかからない非常に効果的な方法のひとつである。

- 返してあげる

　他者のフレームかけから自由になる三番目の方法は「返してあげる」ことだ。

　相手がフレームをかぶせようとする時、そのフレーム内であえて答えようとしてはいけない。質問を受けたからといって、あるいはそのようなフレームをかぶせられたからといって、その枠内だけで考えて答える義務は誰にもない。だから相手が正気を取り戻すように、むしろそのフレームを相手に返してあげましょう。逆に被せてしまうのです。時にはこれが最も適切な反応であり、対応であることもあります。例を挙げれば簡単に理解できるでしょう。

　不必要に人の外見を貶める人には、「あなたの外見もそれほど良いものではありませんよ」

　他者の能力を軽視する人には、「あなたがやったとしても、これほどできないのではないですか？」

　相手の考えを軽率に批判する人には、「あなたの考えも大したことないのは同じですよ」

　むやみに相手を評価する人には、「そのようにむやみに評価することは、私からの良い評価を得られませんよ」

　不合理な差別をする人には、「このような差別がお好きなんですね。私がこのような差別を受けたら、どのような気持ちになるでしょうか？」

　気づいた方もいるでしょうが、ここでのすべての内容は徹底的に「健全な防衛」としての技法です。不必要なのに、わざわざ他者を私のフレームに引き込んだり攻撃したりする理由はありません。本当に必要な場合でなければ。また多くの人々は、あえて先に他者を攻撃したり、自分の主張を押し付けたりしようとはしません。

　問題は、時折そのような行動をとる人が存在するということです。そのような時は、本書で述べた視点と技法を用いて適切に対応すればよいのです。先に攻撃することはないが、かといって黙って被害を受けることもないのです。不必要に「甘い」人にならないこと。これが本書の目的です。

- 必要であれば自分のフレームからも脱却しよう

　この時点で見落としてはならない点があります。私のフレームも私が持っているひとつの思考の枠組みに過ぎないということです。これに気づく必要があります。私のものであれ他者のものであれ、どんなフレームも絶対的真理や唯一の真実ではありません。適切で、有用性があり、必要な場合には役立てるものとして使い、そうでなければ柔軟に手放せるようになることが自分にとっても良いのです。つまり、私のものであれ他者のものであれ、フレームは単なる「思考の枠組み」に過ぎず、絶対的事実、唯一の真理、避けられないものでは決してないことを明確に認識することが大切なのです。

　相手のフレームだけを拒否して自分のフレームを絶対視するならば、依然として「フレームが絶対的な事実である」という思い込みに陥っているのです。私のフレームだからといって特別に扱いますが、それもやはりフレームではないでしょうか。絵の具が付いた左手では決して右手の絵の具を拭き取ることはできません。両手の絵の具をすべて拭き取らなければなりません。フレームはそのような絵の具のようなものなのです。

「フレームは私である」でもないが、同時に「フレームは私ではない」でもないのです。ただ「フレームと私の同一視」という現象をうまく活用することなのです。その現象の正体が何であるかを見抜くことで、必要な時には用い、必要でない時には手放すことができるのです。

まず私自身が自由になり、そして相手も自由にしてあげましょう。私であれ他者であれ、自分が作ったフレームに互いに囚われることなく、どのようなフレームでも主体として能動的に活用すること。これこそが私たちの目標とするに値するものです。逆質問や逆フレームをかけることなども、そのような目的を達成する手段として使用されてこそ、真の意味があるのです。自分も相手も、別のフレームに閉じ込められたり閉じ込めたりすることが目的ではないことを常に心に留め、「不必要なフレームからの自由」を共に享受しましょう。

Summary

「フレーム」（思考様式）に簡単に巻き込まれないための方法について説明します。主な戦略は次の通りです：
  1) 外部フレームの有用性を判断し、必要でない場合は無視するか、別のフレームを提示する。
  2) フレームの内容よりも、フレームを投げかけた人に焦点を当てる。
  3) 不必要なフレームを相手に返す。
また、自分のフレームも絶対的真理ではないことを認識し、必要に応じて自由に活用したり手放したりできるようになるべきです。このようなアプローチにより、不必要なフレームから解放され、より自由で独立した思考が可能になります。

5.5 垂直的依存ではなく水平的愛を育もう

：愛 vs. 依存 – 力を与える関係性の構築

　「モーゼ、イエス・キリスト、ムハンマド、ラマ、ブッダ。この中の誰一人として地上の愛を十分に受けられなかったんだ」

　「そんなはずがない。彼らには今でも何百万、何千万もの崇拝者がいるではないか？」

　「崇拝するということは、すなわち依存するということだ。依存は愛を意味しない。依存は人間だけが持つ『思考の力』を奪うだけだ。人が誰かに依存するということは、自分を卑下し自分を裏切ることであり、むしろその依存の対象から遠ざかることなんだ」

　先日読んだある本の一節である。

　上記の文では「崇拝」という言葉を使いましたが、一般的な関係性では「依存」と言えるでしょう。私たちが分かち合うべきものは依存ではなく愛なのです。イエスやブッダでさえも、人々と分かち合おうとしたのは愛でした。彼らはおそらく自分に直接向けられる崇拝、すなわち依存はすべて拒絶したことでしょう。仏典や聖書にもそのような例え話が数多く見られます。なぜなら一方的な依存は、お互いの間の真の交流と愛を妨げるだけだということを理解したからです。

　焦点を私たち自身に向けてみましょう。私たちの中には、相手を愛していると言いながら、実際には相手に依存しているケースが少なくありません。関係性における依存の要素が多ければ多いほど、自分自身と相手の両方が徐々に苦しくなります。依存と愛を区別する方法は簡単です。垂直的依存は私たちを緊張させますが、水平的愛は安らぎと自由を与えてくれます。

　誰かに依存していることに気づいても、そのパターンから抜け出すのは容易ではありません。内面の恐れが刺激されるからです。もはや依存する人がいなくなることへの恐れ。そんな時は、関係性から離れることが自分のためではないかという考えが浮かぶこともあります。依存を愛と言い換えることは、相手に対して正直でないことかもしれないからです。

　また一方では、出会いや関係性におけるこのような混乱した状況を毎回恐れたり避けたりすれば、その後の別の関係性でも同じようなことが繰り返されるのではないかという悩みがあるかもしれません。そのため、関係性を終わらせるわけでもなく、続けるわけでもない曖昧な状態に留まることになります。関係性から離れれば、自分と相手の両方に自由と新たな機会が訪れる可能性もありますが、お互いに深い心の傷と恨みを与えることにもなりかねないからです。果たして、どうすることが本当に賢明なのでしょうか。

　表面的な選択肢は、関係性を維持するか離れるかのひとつとして現れるでしょう。しかし、何を選ぶにしても、より重要なのは内面の心なのです。つまり、そのような依存の構造に気づき、もはやその人との関係性を依存として結ばなくなれば、それだけで十分なのである。関係性を続けるかどうか、相手から離れるかどうかは、むしろ二次的な問題だ。

　依存関係を解決したいと言いながらも、まず「離れること」だけを考慮することもある。そしてそれを「回避」だと感じることもある。また、関係を断つと心の傷や恨みが残るのではないかという懸念もある。また、別れることが正しい選択なのかどうか悩むこともありますが、これらすべては自分がまだ「内面の心」ではなく「外部の行動」により重きを置いているからです。しかし、真に重要なのは内面の心なのです。

　内面の心は外部の行動に影響されることもあります。物理的に距離を置くことで、内面の複雑な心理状態が整理される場合もあります。しかし、心の整理と並行せずに外部の行動だけを変えることは、表面的な対処法に過ぎない可能性が高いのです。関係性に危機や困難が訪れた時、無条件に離れることだけを解決策とすると、その後に似たような状況が来るたびに適切に対応できず、また逃げてしまうという行

　動が繰り返される可能性があります。もちろん、去るべき時は去り、別れるべき時は別れなければならないでしょうが、危機や困難を共に乗り越え、その後により深い愛と関係性を築くことも十分可能だからです。

　関係性に問題がある時、私たちはその関係性を断ち切るかどうかを決める前に、まず自分の心の中で関係性の目標を明確に設定する必要があります。

　その目標は「垂直的依存」ではなく「水平的愛」です。

　関係性における「依存」は決して一方的なものではありません。双方とも自分の利益のために依存的な関係性を持つ場合がほとんどです。依存する側は主に心理的依存と生きる上での責任転嫁、そして依存される側は存在感の承認と高められる自尊心などが主な利益です。つまり、真の愛が「相手が幸せになるよう互いに喜んで与え合うこと」であるならば、依存は「自分の幸福のために相手を利用するメカニズム」という意味です。関係性が長く続くほど、お互いに利益をもたらすというよりは、双方が犠牲になり苦しむ構造になっていきます。時に表面的には華やかで素敵な関係性に見えたとしても、実際の各自の内面はその反対の方向へと進んでいきます。そしてついに破局を迎えると、悲劇的な結末となるのです。

　なぜなら、私たち人間は本来、誰かを一方的に依存したり、依存されたりする存在ではないからです。互いに対等に、水平的に、心地よく愛を分かち合う存在であり、一方が他方より上に立ったり下になったりして、それに伴う垂直的な関係性で生きていく存在ではないのです。そのような関係性は単なる歪みに過ぎません。

　まず自分の内面から、従来の依存ではなく、成熟した相互の分かち合いを試みてみましょう。依存する側であれ依存される側であれ、「依存問題」が生じるということは、まだ私が一人の人間として健康で成熟した自立ができていないことを示しています。そのため、この問題は必ず解決すべきなのです。外面的に去るか留まるか、別れるか続けるかは二次的な問題です。

　義務や強制ではないので、負担に感じる必要はありません。うまく
いかなければ無理する必要もないのです。これは一種の練習として試
みるものなのです。それによって、私がまず内面から、これまでの
「依存メカニズム」ではなく「愛あるいは対等な相互分かち合い」が
できる力を呼び起こすのです。相手もまた私と同様に、弱ければ弱く、
強ければ強い、同じ存在であることを心に留めながら。私と相手、二
人ともが無であると同時に全てでもある「ありのままの存在」である
ことを明確に認識しながら互いに向き合うのです。最初は馴染みがな
く大変かもしれませんが、忍耐を持って続けていけば、途中で危機が
訪れたとしても、徐々に成熟した関係性へと変わっていくでしょう。
これは関係性と人生のための訓練なのです。

　私は自分なりの努力を通じて依存的な関係性から脱却しつつあるの
に、相手にはまだ依存関係の慣性が残っている場合もあるでしょう。
相手はおそらく私の変化を拒否したり、私の変化に怒りを感じたり、
関係を断とうとするかもしれません。それは十分にあり得ることです。
言ってみれば、それが彼の限界なのです。

　このような時、選択肢は二つあります。ひとつは、忍耐を持って自
分と相手の変化が共に起こるよう努力し続けることです。もちろん、
無理強いや強制をするということではありません。苦痛を感じながら
行う必要もないのです。これらすべての努力は自分の幸せのためなの
です。もちろん相手の幸せを願うことも含まれています。そのため、継
続して忍耐しながら努力することができるのです。もう一つは、関係
性を終わらせることです。垂直的依存を水平的愛に変えようとする自
分の努力に、相手が結局共に歩めないのであれば。もちろん、この場
合でも強制的に、無理に別れる必要はありません。自然な流れで関係
が続くようにするのが良いでしょう。

　このように関係性を整理した後でも、今後似たような状況が繰り返
される可能性や、お互いに心の傷を負う可能性が心配で、果たして自
分が真の愛を築けるのか不安になるかもしれません。しかし、依存と
愛の本質的な違いを明確に認識し、内面からある程度整理できれば、

このような心配は自然に消えていくものですから、過度に心配する必要はありません。

　時には一刻も早く関係性を整理しなければならない現実的な状況もあるでしょう。内面が整理されるのを待つ余裕がない場合です。そのような状態であれば、関係性を無理に続ける理由はすでに失われています。そうであれば、能動的に関係性を終わらせましょう。行動を起こすのです。そしてその後も、内面的に自分自身と状況を継続的に省察していけばよいのです。必ずしも「関係性の中」にいる時だけが省察できる時ではないのですから。

　このようにして関係性についての洞察を得ることができれば、次に似たようなパターンが繰り返される時、より賢明に対処することができるでしょう。これまでの失敗や経験を土台にして、その後の関係性をより深め、完成させていくことです。

　垂直的依存ではなく、水平的愛によって。

Summary

　真の愛と依存は異なるものです。垂直的依存は緊張を引き起こしますが、水平的愛は安らぎと自由をもたらします。関係性において重要なのは、外的な行動よりも内的な状態です。依存構造を認識してそこから抜け出すことが重要であり、関係性を維持するか離れるかは二次的な問題にすぎません。目標は「水平的愛」であるべきであり、これは「相手の幸せのために喜んで自分を捧げること」を意味します。依存関係から抜け出し、成熟した相互共有のために努力すべきです。これは時に困難で時間がかかることもありますが、最終的にはより健全な関係性へとつながります。

5.6 共感するために感情のゴミ箱になる必要はない

：犠牲のない共感 - 自分を見失わずに他者の感情を感じる方法

- 「私、早死にしそう」

　時々、助けを必要としている方々と電話でお話することがあります。数年前、50代後半の女性から電話をいただいたことがあります。夫とささいなことで絶えずぶつかり合い、対話を試みてもすぐに関係が悪化して結局喧嘩になる日常を語りながら、もうこれ以上このような生活は続けられないと彼女は言いました。若い頃は自分が我慢して乗り越えてきたが、もう我慢することもできないと言いました。それは当然のことです。どうして人間がずっと我慢し続けられるでしょうか。

　一昨日も喧嘩をして、腹立ちまぎれに「離婚」という言葉を口にしたら、夫が急に真剣な表情になり、子供が大学を卒業するまでの1年だけ我慢してほしいと言ったそうです。1年後には自分がいなくなってあげると。この方は夫の言葉に胸がどきりとしたと話されました。夫は心筋梗塞などの持病があり、普段から自分は早く死ぬだろうという話をよくしていたのです。

　もちろん、今別れたところで、お互いにとって良いことは全くないということをよく理解していると言いました。しかし、絶え間ない言い争いと衝突により、お互いのストレスは極限に達していました。何とかうまく解決しようとしても、うまくいきませんでした。翌日は夫の誕生日でしたが、本心では、誕生日のわかめスープさえ作ってあげたくないと思っていました。しかし、そのような状態でありながらも、根本的に関係性を改善する必要があると強く感じていました。だからこそ、電話をかけてこられたのです。

　通話中に切迫した様子で、すぐにでもアドバイスがほしいとおっしゃいました。そこで、とりあえずひとつ方法があると伝えました。お伝えする前に、そのまま一度試してみていただけるかとまずお尋ねしました。方法をお教えしても実行されなければ何の意味もないからです。幸いにも試してみるとおっしゃっていただけました。

　まず、ご主人が「私は早死にするだろう」と言うとき、どのように反応されるかと質問しました。すると「そんな縁起でもないことを言わないで、言葉は現実になるものよ」などと反応するとのことでした。そこで私はこうアドバイスしました。これからはご主人がそのように言ったら、あなた自身の考えや感情はいったん脇に置いて、まずはご主人の気持ちに寄り添ってみてくださいと。他に何かをしようとせず、「あのような言葉を言う夫の今の気持ち、今の感情はこういうものなのだな…」と、ただ感じ取るだけにしてください。

　その気持ちをこのように表現するようにと伝えました。（このような場合、相手の気持ちを共感することが核心ですが、それを直接言葉で表現することもまた重要です。）

　「あなた、それほど不安なのね？健康の心配もたくさんあって…私はその気持ちをよく理解していなかったね。今はちょっと分かるような気がする…」

　しばらくして、受話器の向こうから啜り泣きが聞こえてきた。自分が何をよく理解していなかったのか、今になって分かったとおっしゃった。何を間違えていたのかも。私も一緒に心が厳粛になった。

　共感の重要性について多く語られています。適切に共感することは簡単ではありません。理論は豊富ですが、現実での共感は難しいものです。それでも、必要な瞬間に適切に共感することは、私たちにとって非常に有益なのです。

　共感はとても単純なものです。単純なのに、理解できずに苦しんでいるのです。

　自分が望む相手に簡単に、適切に共感したいのであれば、ここに方法があります。これまで耳にしてきた共感についての数多くの理論や考え、アドバイスは一旦脇に置きましょう。本当に適切に共感をしたいのであれば、まずはこのように始めましょう。

　相手が正しいとか、相手に同意するとか、自分の感情を諦めたり無視したりして相手の感情や気分を受け入れたりしないでください。

　ただ相手が感じていることを一緒に感じてあげるだけでいいのです。そのように共感すれば、自然と相手の心も解きほぐれていきます。

　言葉で言うだけでなく、実際にも簡単なのです。もし難しく感じるなら、次の説明をもう少し聞いてみましょう。（それでもうまくいかない場合は？大丈夫です。共感がうまくできなくても問題ありません。それとは関係性なく、うまく生きていけばいいのです。このような軽やかな心持ちが良いのです。）

　これは単なる理論というよりも、私たちの心が実際に動く本来の原理なのです。では、共感についての既存の数多くの説明は何だったのかと言うと？それらもすべてこのことを指していたのです。つまり、すべて正しい説明だったのです。ただ、あまりにも回り道をしたり、詳しく見せようとしたりしたため、少し複雑になってしまったのです。また、たいていの説明は誠実に着実に実践すれば、それなりの効果があります。したがって、共感についてのどのような理論や説明でも、すべてよく読んで実践してみるとよいでしょう。

　「ただその人が感じていることを一緒に感じてあげる」という行為は、実際に数回その効果を体験すれば、やめてくれと言われてもするようになるものです。一緒に感じてあげて、そして心が解きほぐれていくこの自然で簡単な原理を。最初はうまくいかなくても落胆せず、繰り返し試みることが大切です。人間であれば本来誰もが持っている能力ですが、ただ少し鈍くなっている状態に過ぎないのです。

　「共感する」ということをすれば、それに伴って生じるものがあります。それは「相手の心がほぐれる」という効果です。これは共感がうまくできれば自然に起こる現象なので、意識しすぎる必要はありません。義務や目的というよりは、結果として自然に訪れるものなのです。また、相手の心がほぐれると、自分の心もほぐれていきます。このような経験をすると、ますますこの方法の魅力に引き込まれることでしょう。

- 共感ではないものを共感だと思わないようにしましょう

　「相手が感じていることを一緒に感じてあげる」というのは、文字通りに行えばよいのです。ですから、まずはただやってみてください。しかし、まだ十分に慣れていないのであれば、少しの説明が役立つでしょうから、もう少し詳しく見ていきましょう。

　まず、私たちはなぜ共感することが難しいのでしょうか？

　一言で言えば、共感を誤解しているからです。相手が正しいと認めなければならないと思い、無条件に同意しなければならないと感じ、自分の感情を諦めたり無視したりして、無条件に相手の感情を受け入れなければならないと考えているからです。

　いいえ、そんな必要はないのです！

　はっきり申し上げますが、それは共感ではありません。だからこそ難しく辛く感じるのです。実際に大変で困難なことでもあるのです。私たちには明らかに自分の考え、感じ、意見、感情、正しいことと間違っていることがあるのに、どうして相手のものだけが正しいと言えるでしょうか。またそうすべきでもありません。そうすれば、たとえ相手は生き残るかもしれませんが、その代わりに私が死んでしまいます。私が死ねば関係性も死ぬのです。共感とはそういうものではありません。共感とは相手と私、両方を生かすことなのです。

　ですから、これからは共感するといいながら、無理に、あるいは気が進まない気持ちで相手が正しいとか、同意するとか、相手の感情を無条件に受け入れるとか、自分の感じを無視したりしないでください。相手を無理に理解しようともしないでください。そのようなことは自分自身への裏切りであるだけでなく、相手の満足感も一瞬のものでしかなく、長続きしません。相手もすぐに私の本心を感じ取ってしまうのです。その場ではっきりと感じなくても、何か違和感が心に残ります。そのため、良くない影響を与えることになります。自分自身にも、相手にも。

- ただ相手が感じていることを共感してあげること

さあ、これで本当の段階に入ってきました。

つまり、相手が感じていることを一緒に感じなさいということですか？

でも、どうすればいいのでしょうか？

前にも申し上げましたが、自分の感情、考え、判断、理解などはそのまま持っていてください。変える必要も、取り除く必要もありません。すべてをそのまま保ちながら、相手が今何を感じているのか、それを共に感じることなのです。言葉や行動で表現することもできますが、それは後回しにして、まずは単に感じることだけに集中しましょう。何の負担もなく、とても簡単なことです。

自分に湧き上がる感覚をそのまま受け止めてもいいですし、あるいは相手に直接尋ねてもいいのです。「今どんな気分ですか？」とこのように質問するだけでも、状況は驚くほど変わります。以前は相手の気分を全く理解できなかったり、自分の推測が間違っていることが多かったのですが、質問して相手の気持ちを直接聞けば、非常に簡単に理解できるようになります。複雑で難しいプロセスは全く必要ありません。ただ尋ねるだけでいいのです。もし質問しなくても、ある程度相手と共感できるなら、その感覚をしっかりと感じ取ればいいのです。

時にはこのような方法を試しても、うまくいかないことがあります。自分が相手の感情を感じ取ろうとしても難しかったり、質問しても相手が適切に答えてくれなかったりする場合です。

そのような時には、想像力を活用しましょう。自分が相手の立場だったら、不当に扱われたり、悔しかったり、悲しかったり、憂鬱だったりするその状況にいたら、どのような感情を抱くかを想像してみるのです。「私があの立場だったら、今どんな気持ちだろうか？」自分が過去に経験した状況や立場で感じた感情を思い出せばよいのです。そして、そのまま感じるのです。相手も今、自分と似たような感覚、感情、気分を抱いているのだろうと気づくことです。

　このような想像力は、人間であれば誰もが生まれながらに持っている本来の能力です。ドラマや映画、小説などを観て主人公や登場人物の感情をそのまま感じるのも、この能力があるからです。ですから、できないというのは嘘です。ただまだ十分に集中できていないだけなのです。大切な人や親しい人、愛する人に対しては、しないようにと言われても自然と行ってしまうのが「共に感じること」なのです。

　それでもうまくいかないですか？もちろん、そういうこともあり得ます。何事もある程度は集中と反復が必要なのです。先ほど述べた段階に沿ってじっくりと実践していくと、ある瞬間「今、あなたはこのように感じているのですね」という感覚が芽生え始めます。私たち人間が抱く感情は、実に互いに似通っています。

　ただし、ここで注意すべき点があります。これは推測や憶測というよりも、純粋な「感覚」なのです。映画の主人公の感情や感覚などを、ただ自然に感じ取るときの、あの感覚です。推測や憶測だけで進めると、正しく感じ取れないこともあります。時々「なぜ私は共感しようと努力しているのに、毎回間違えたり誤解したりするのだろう」と嘆く人がいますが、これは実際に感じるよりも、性急に考えで推測や憶測をしてしまうからです。相手の気分や感情、感覚を。

　考えだけでは、当然うまくいきません。推測や憶測が入り込むこともありますが、ある程度は推測するとしても、核心は「感覚を感じる」ことに集中すべきです。これが最も重要なコツなのです。最初は自分の感じ方と相手の実際の感じ方の間に差があっても、継続して練習していくうちに自然と徐々に上手く感じ取れるようになります。ですから、あまり心配せずに続けていけばよいのです。

　自分なりに共感力を高めようと書籍を読んだり、プログラムに参加したり、対話技法を学んだりすることがあります。最初はうまくいっているように感じても、すぐに壁にぶつかる経験をすることがよくあります。理論上では何らかの進展があるはずなのに、実際にはそうならないのです。共感しようとする私自身も気分が良くならず、相手も特に反応を示さなかったり、一時的に反応するものの、すぐに無関心になってしまったりする。

　ある夫が会社の教育プログラムを通じて「共感法」をひとつ学んだという。その技法は「相手の言葉を繰り返してみる」というものだった。通常、バックトラッキング（backtracking）と呼ばれたり、あるいは言葉の反復、相槌、または同調技法とも呼ばれている。そこで家に帰って妻との会話に適用してみたところ、驚いたことに、本当に何かが変わるように感じた。私が妻の言葉をただ繰り返すだけでも、妻は共感されているように感じるのか、楽しそうに話し続けます。

　その方法を続けて使っていると、徐々に妻の反応が薄くなっていくのが見えてきました。ついにある日、妻は一生懸命相槌を打つ夫にこう言いました。「言葉だけなの？」

　軽い例ですが、実際の経験談でもあります。さて、私は技法通りにうまくやったのに、何が問題だったのでしょうか？

　最も大きな理由は「私の心の中で相手の今の感情が実際に感じられていないこと」です。私も特に感興がなく、相手もそうなのです。そうして機械的に技法だけを使ってしまうのです。もちろん何もしないよりはずっと素晴らしく、有用で立派なことです。ですから、できるならば一生懸命取り組んでみましょう。

　問題はこれです。私たちが形だけで、あるいは戦略的に共感技術などを使うとき、相手がそれを気づかず感じないだろうと思ってしまいます。しかし私たちの無意識は意外と敏感で賢明なものです。ある程度は全て把握しているのです。あなたの心が本当に私の心（感情）を共感しているのかどうかについてです。

　このような時、決定打となるのが私たちが目指す「共に感じること」なのです。

　ただ単に、相手が感じているであろう感情や気分を自分も感じてみるということです。最初は自分の感じていることが正しいのか間違っているのか判断できないかもしれません。感覚が弱いこともあるでしょう。初めは単なる自分の思い込みかもしれませんし、最初の推測が外れることもあるでしょう。しかし、諦めずに着実に続けていくと、まるで向こう側の磁石が動いて磁場が変化するのを自分が感じるように、あるいは向こう側の振動体の振動が自分に伝わってくるように感じ始めるのです。「共鳴(共鳴)」と表現できるような現象でもあります。私たちにはそのような能力があります。人間であれば誰もが生まれながらに持っているものなのです。

　義務感や責任、共感トレーニングとして捉えるのではなく、「一緒に感じる遊び」のように気軽に試してみましょう。人間は互いの心（感情）を本来感じ取れるように生まれついており、常に感情を感じているという前提で実際に試してみることが大切です。あまりに真剣に、または重々しく考えず、軽い遊びのように楽しんでみましょう。

　共感能力があるのに上手く感じ取れない理由は、私たちが既に感じているものに注意を払わず、集中していなかっただけなのです。今からは相手の考え、感情、意見に同意したり、その気持ちを無条件に受け入れる必要はなく、ただ自分が感じる相手の感情にもう少し注意を向けてみましょう。そうすれば、本来感じていたものを再び感じることができるでしょう。

　ある瞬間（あるいは最初からすぐに）「あ、この感覚、この気分、この感情だったんだ！」と正しく感じられる時が訪れるでしょう。そうでなくても構いません。ただそのように共に感じ続けるだけで十分なのです。それだけでも目に見えない肯定的な効果があります。しかし、ある瞬間に本当に感じられる時が来れば、不思議な感動を味わうことになるでしょう。それからは、ずっと簡単になり、自然な流れになっていきます。そして、やめてほしいと言われても、相手の気持ちを感じたくなることもあります。

　私なりに相手の気持ちを感じ取ろうとしているのに、相手はまだ私に不満を示したり、自分を理解してくれないと文句を言ったりすることもあります。そのような相手を見ると、自分の努力を認めてくれないように感じ、失望したりやる気を失ったりすることもあります。

　もう一度考えてみましょう。そもそも「共感する」という行為の目的は、相手の理解や感謝を得ることではないはずです。結果的に相手が感謝する余地はありますが、まずはそういうことと関係なく、ただ私自身が感じることが目的であり結果なのです。この心構えをしっかり持てば、相手の反応に一喜一憂することなく、継続して相手の気持ちを感じ取ることができます。それこそが目標なのですから。

　このように適切に、共に感じられるようになると、次に起こる不思議な現象が「心のほぐれ」なのです。

　私が適切に感じると、相手の心も不思議と自然にほぐれていきます。これは本当に感動的な体験です。さらには、そうなりそうだという予感すら感じることがあります。「今、私がこれを表現すれば、あの人の心が和らぐだろう」というように。これは二人の間に見えない共感が実際に生まれるときに起こる現象です。科学的にどう説明されるのかはわかりませんが、実際にそのような現象は起こります。私が心から相手の気分や感情、感覚に寄り添うとき、相手の心が自然と解きほぐれる現象なのです。

　これを目標にする必要はありません。「私は正しく感じているのに、なぜあの人の気持ちは解けないのだろう？」と感じることもあるでしょう。そのような時は「もう少し熟成する必要があるのかもしれない」と余裕を持って考えればよいのです。結果を気にせず、本来行っていた「共に感じること」を続ければ、葛藤や衝突、争いの状況が徐々に柔らかく解けていくことを経験するでしょう。「共に感じること」はそれ自体が目標であり結果であるため、これを通じて何かを人為的に変えようとする試み自体がもうひとつの障害物となります。したがって、賢明に、軽やかで柔軟な心で取り組みましょう。

- できれば自分が感じたことを直接表現しよう

　相手の気分や感情を感じることは良いですが、ただ感じるだけでいいのでしょうか？

　いいえ、そうではありません。もちろん感じることが最も重要ですが、言葉や行動で表現すれば効果は倍増します。したがって、適切に表現することも必要なのです。

　たとえば、相手の感覚、気分、感情を自分も感じながら、このように伝えるのです。

　「そうですね。今のあなたの気持ちは〜でしょうね。」
　「今、あなたは〜な気持ちですか？」
　「本当に申し訳ありません。今のあなたの気持ちが〜なのに、私はそれに気づきませんでした。」
　「今はあなたの気持ちが〜だということが理解できます。」

　行動で示すことができるのであれば、そうしても良いでしょう。共感を表す表情、話し方、声のトーン、言葉遣い、ジェスチャーも効果的です。特別な技術というよりは、ただ自分が感じたままを自然に表現できるようにすれば十分です。

　せっかく自分の感情を表現したのに、相手が「私は今そんな気持ちではないのだけど？」というように返答するかもしれません。そうすれば、まだ自分の感じ取る能力が弱いということを自ら認識すればよいのです。あるいは、まだ相手があなたの共感に応じたくないと感じている可能性もあります。そのような反応に失望したり萎縮したりする必要はありません。もっと上手く感じられるように続けていけばよいのです。漠然とした推測、推論、予想が入り込まないように注意しながら、文字通り「ただ一緒に感じる」ことだけに集中しましょう。そのように感じること自体が目標であり結果であることを常に心に留めておきましょう。

　このような努力が習慣となり、日常の一部になるまでは、依然として困難を感じることもあるでしょう。また、途中で乗り越えなければならない小さな壁も存在します。しかし、そのような「過程の時間」が必要なのは当然のことだと受け止め、ひとつずつ乗り越えながら前進していけばよいのです。そのように壁をひとつずつ乗り越えるたび

に、私たちはより成熟し、幸福の瞬間はより豊かになり、人生はさら
に充実したものになっていくでしょう。

Summary

　真の共感とは、単に相手の感情を感じ取ることにあります。これは自分の感
情を捨てたり、相手の感情を無条件に受け入れたりすることではありません。
共感する方法は次のとおりです：
　　1) 相手の感情を感じてみる
　　2) 必要であれば想像力を活用する
　　3) 感じた感情を表現する
共感は練習が必要であり、結果にこだわらずプロセスを楽しむことが大切です。
真の共感は相手の心を開かせ、関係性を改善することができます。これは技術
ではなく人間の自然な能力であり、練習を通じて向上させることができます。

5.7　自分のための、相手のための、皆のための謝罪
　：正しさと間違いを超えて

謝罪は誰にとっても難しいものです。

私が優位な立場であろうと、

対等な立場であろうと、

劣位な立場であろうと、すべてにおいて。

謝罪が難しい理由はたくさんあります。

私が謝る理由がないと感じるとき、

謝ることで自分が損をすると思うとき、

相手こそが謝るべきだと思うとき、

謝るべきだとわかっていても自尊心が傷つくとき、

私の謝罪が相手に何の効果もないと思うとき…

どのような場合でも

私たちが適切に謝ることを難しく感じる

本当の理由は、

謝罪が誰のためのものなのか理解していないからです。

謝罪は自分のためだけのものでもなく

相手のためだけのものでもありません。

自分と相手の両方のためのものなのです。

自分と相手「それぞれ」のためという意味ではありません。

それぞれのためのものであれば、

結局、自分のためか相手のためかという区別と同じことになってし
まいます。

違いがないのです。

真の謝罪はそういうものではありません。

謝罪によって救われるのは
別々の「私」と「あなた」ではなく
新たにひとつとなった「私とあなたの関係性」なのです。

私の立場、あなたの立場が別々に考慮され
誰がより正しいか間違っているかを明確に判断して
その勝負によって
誰かが誰かに謝るというものではない。

その出来事、その状況、その流れの中で
互いに噛み合いながら相即相入(相即相入)する
新たなる一体性の立場。

別々の二つではなく
二極性を持つ一体。
また、ひとつでありながら極性が二つある様態。

このような立場を感じるとき、
このような立場に立つことができるとき、
誰が先に謝るかに関わらず
心が反応する誠意のこもった謝罪が感じられ
自然と現れてくるものであり
謝罪を受けた側も
共に心が反応するのです。
そして許しが生まれるのです。

そのとき、誰が謝ったから屈辱であり
誰が謝罪を受けたから優位に立つということではなく

ひとつに繋がった二人の心が
共にほぐれ
共に溶け合っていくのです。

真の謝罪とは、
自分のためだけのものでもなく
あなたのためだけのものでもなく
私とあなた、それぞれ個別のためのものでもないのです。

真の謝罪とは、
極性が二つある新たなる一体性としての
「私とあなた両方」のためのものです。

Summary

　真の謝罪は個人のためのものではなく、「私たち」のためのものです。謝罪が難しい理由は様々ですが、根本的には謝罪の対象が誰なのかわからないからです。謝罪は「私」と「あなた」のためのものではなく、私たちが形成する新たな「私たち」のためのものです。これは個別の立場を考慮したり、正しいか間違っているかを判断することではなく、互いに絡み合い影響を与え合う状況を理解することです。真の謝罪とは、二つの繋がった心が共に解け、ひとつに溶け込む瞬間を生み出すものです。

5.8 もう一人の自分を通して自分と再び出会う

： 自己を超えて─他者を通した旅

私はあなたを通して、あなたは私を通して
自己愛を完成させる。
自己存在を完成させる。

　人間は関係性の存在である。生きていく中で様々な形の関係性を結んだり解いたりします。友人関係、恋愛、結婚…
　そして子どもも産みます。教え、学ぶという関係性も存在します。
　おそらく「関係性を築くこと」こそが最も神秘的な現象のひとつであろう。ひとつの存在が自分自身を超えて存在するようになるプロセスだからである。関係性を築くことで実現されるのは「私とあなたの出会い」というよりも「もうひとつの私を通して私に出会うこと」である。このときの「私」たちはもはや以前の私ではない。
　関係性は自己愛を完成させるひとつの方法となる。そして機会となる。
　様々な関係性の中でも最も神秘的なものは「子を産むこと」である。もちろん、友人や恋人、あるいは師弟関係などがそれより劣っているというわけではない。それらすべてが十分な意味と神秘を内包している。ただ、子どもを産むという行為には、より直接的な強烈さが宿っています。肉体的にも精神的にも。
　自分の子どもを通して、親となった人は初めて「自分を超えた自分、自分の外の自分」を生き生きとした現実として出会うのです。さらに親にとって子どもは「自分よりも大切な自分」となることさえあります。
　自分よりも大切な自分とは！これは深遠な哲学や宗教を通してのみ可能と思われる不可思議な神秘体験ではないでしょうか。
　人間だけでなく、存在するすべての生命体は子孫を残します。最も冷静に説明すれば、種族繁殖本能、種族維持本能と言えるでしょう。

　別の視点から見れば、これは「もう一人の自分を通じて自分に出会おうとする本能」とも言えます。そのように出会おうとする目的は、自己愛を完成させることにあります。別の言葉で言えば、それは自己存在を完成させることでもあります。おそらく意識的というよりは、多分に無意識的あるいは原型的な現象と見ることもできるでしょう。

　存在の自己愛は、必ずしも子どもたちを通じてのみ完成されるわけではありません。他のタイプの関係性でも十分に起こりうるのです。また親と子どもの関係性も、常に良好で肯定的なものばかりではありません。時に悲劇的、あるいは破壊的な方向に進むこともあります。

　そのような否定的要素をも含めて親たちが経験するのは、結局「私ひとつだけで成り立つ自己」への執着や錯覚、無知、無明を克服することなのです。おそらくこれは、仏教で言う無我(無我)よりもさらに深層的で強烈な体験かもしれません。もし適切に経験し、気づくことができれば、ですが。しかし、親になっても子どもたちに対して惰性に陥り、自分の欲求を優先し、お互いのために守り、心に留めておくべき部分を見過ごせば、お互いが苦しくなります。つまり、努力と自覚、洞察が必要なのです。

　私たちが結ぶすべての関係性には、そのような原型的な要素が含まれています。

　したがって私たちは、
　人生で結ぶどんな関係性も
　関係性の縁が尽きて終わるまでは
　最善を尽くして大切にし、よく世話をしていきましょう。

　すべての関係性はすなわち機会である。
　自分だけのため、あるいは相手だけのためではなく
　私と彼を超えた、存在そのもののために。
　そして存在たちの自己愛の完成のために。

Summary

関係性は自分を超越するプロセスであり、「私を通じて他者に出会う」のではなく、「他者を通じて自分に出会う」ことである。特に親子関係は「自分の外の自分」を直接的に経験させてくれる最も神秘的な関係性である。これは単なる種の保存本能ではなく、「他者を通じて自分に出会う本能」と捉えることができる。すべての関係性は、自己愛を完成させ、存在を完成させる機会を提供します。したがって、私たちはすべての関係性を大切にし、育んでいかなければなりません。これは単に個人のためではなく、存在そのものと存在の自己愛の完成のためなのです。

5.9 あなたと私は「別個の二つ」でも「ひとつ」でもない。「二極性を持つ一体」である
：関係性における統一性の概念を探求する

　「二極性を持つ一体」という表現を、いつからか思い浮かべて使うようになりました。

　（ここで「二つ」の位置には「N」が入り、このNは無限大まで可能な実数です。）

　これを人間関係に適用して表現すると次のようになります。

　あなたと私は、別々の二つではなく「二極性を持つ一体」なのです。

　例えば恋人や夫婦は別々の二つではなく「二極性を持つ新たなる一体性」なのです。一つの家族にお母さん、お父さん、子どもたちがいるとき、彼らは別々の複数ではなく「多極性を持つ新たなる一体性」なのです。複数の人が関連するグループがある時、彼らは別々の人ではなく、「極性がそれだけの新たなる一体性」である。

　二つでありながらひとつであり、ひとつでありながら二つである。完全に分かれた二つでもないが、かといって画一化されたひとつでもない。「極性が複数ある新たなる一体性」である。恋人も、夫婦も、家族も、グループも。

　今やその関係性あるいは集団の究極の目標は、個体である「私」の幸福ではなく、「新たなる一体性」の幸福となる。

　この点を無視して、依然として完全に分離した別個のものと勘違いしたまま、それぞれの立場、観点、幸福だけに頑固にこだわれば、その新たなる一体性は苦痛を生むだけである。多くの恋人、夫婦、家族が幸せになりたいと願いながらも、結局誰も幸せになれない理由はここにある。厳然と存在する「新たなる一体性」の幸福を追求しないからである。依然として別々の極性のみを考慮するからである。

　逆に各極性（個人）の立場や幸福を考慮せず、全体のみを考えても問題が生じる。全体はそれぞれの極性で構成されているにもかかわら

ず、まるで極性が存在しないかのように扱われるからです。'極性が無視されたひとつ'になってしまうのです。極性は厳然と存在し続けます。それゆえ、必ず考慮しなければなりません。

個人主義も全体主義も、決して答えにはなりません。

'極性がN個ある新たなる一体性'の観点からアプローチする必要があります。

もし恋人、夫婦、家族、構成員間の問題がうまく解決されないのであれば、状況と必要に応じて、時には極性を、時にはひとつを、時には両側面を同時に考慮する方法と解決策を、柔軟かつ能動的に、そして賢明に選択する必要があります。

パートナーが、夫または妻が、子どもが、親が自分の望むようにしてくれないことで辛かったり不満を感じたりしていませんか？もしそうなら、自分という極性、あるいは相手という極性の立場や観点だけに頑固にこだわっていないか振り返ってみましょう。自分であれ相手であれ、その極性だけを中心に物事を進めていないでしょうか。すべての極性を包含した「新たなる一体性」のために何が良いのかを見出すことが大切です。本来の目標は何なのかに集中しましょう。

多くの場合、「極性の立場」を捨てられず、自分ひとつの立場から満足で幸せなことに頑固に固執してしまいます。今はそのような観点ではなく、たとえ「こちらの極性」である自分は満足できなくても、頑固さを一時的に手放して「全体であるひとつが幸せになるには何が必要か」を考えてみることです。他の極性も一緒に考慮しながら。

すると、以前は見えなかった新しい解決策や方法が見え、浮かび始めるでしょう。そのようにして全体であるひとつが幸せになれば、その中の一つの極性である私とあなたも共に幸せになります。また、各極性がバランスよく共に幸せになれば、全体であるひとつも幸せになります。状況に応じて適切にアプローチしていきましょう。

Summary

　人間関係において「私」と「あなた」は別個の存在ではなく、「二重の極性を持つひとつ」として捉えることができます。これは恋人、夫婦、家族、グループなど、あらゆる関係性に適用されます。このような関係性の究極の目標は、個人の幸福ではなく「新たなる一体性」の幸福なのです。完全な分離や同質化を追求するのではなく、各極性の立場と全体の立場をバランスよく考慮すべきです。問題解決のためには、状況に応じて極性、全体、あるいは両方の視点を同時に考慮する知恵と柔軟性が必要です。全体が幸福になるとき各極性も幸福になり、各極性が等しく幸福であるとき全体も幸福になります。

5.10 二つの真理（N個の真理）

：「私の真理」から「私たちの真理」へ - 多元的現実を受け入れる

自己嫌悪のような個人的な葛藤や悩み
あるいは二人以上の関係性で起こる
様々な衝突において
皆が重視するのは
「何が正しいか」または
「誰が正しいか」ということだ。

私たちは皆
一個人の問題であれ複数人の問題であれ
結局「正しいひとつ、真実のひとつ」を
探し出し、確定しなければ
その状況は解決されないと
考えているからである。

これは
「ひとつの真理」への信念に他ならない。

/

しかし、
様々な教育や植え付けられた考えによって
私も知らぬ間に形成された無意識的な信念以外に
「ひとつの真理」を裏付ける
どんな証拠もない。

もちろん状況によっては
誰の言葉がより事実に近いか、
共通の常識や普遍性に近いかを
正確に検討しなければならない時は確かにある。
そのような場合は慎重に検討し、
正確かつ適切な結論を導き出すべきである。
これは極めて当然のことだ。

しかし、
日常生活において厳密に是非を判断すべき場合は
それほど多くはない。
ほとんどの場合、誰が正しいかどうかは
人生にそれほど大きな関係性はない。

そのような瞬間においても私たちは
必死に是非を問おうとする。
自分が、自分たちの側が正しく、適切で、正確であることを
認めてもらいたいと願う。

「私こそが真理だ。その唯一の真理は私のものだ！」
これは一種の承認欲求である。

これは極めて無意識的で
自動的な反応である。
「真理がただ一つである」ということは
誰によっても証明されたり
確定されたものではないからだ。
ただ私たちがそう感じ、そう思い
信じているだけなのです。

これに気づくと
多くのことが変わります。

より正確で有用な表現は
「真理はN個ある」ということです。

依然として皆が好む
「一つの真理」ももちろん可能であり、
あなたと私の「二つの真理」も可能です。
そして私たち全員の「N個の真理」さえも可能なのです。
「そうすると混乱が多すぎるのではないか」と
心配するかもしれません。
そうだ。そういうこともあり得る。

だからこそ、最も重要なことがある。
これもまた強制や唯一の正解ではないということだ。
つまり「N個の真理」も唯一の真理ではないのだ。

「N個の真理」はこの言葉の中に
安住しようとして作った法則ではなく
ただ「上手く活用する」ことに意義がある。
これがより有用で効用性が高いならば
喜んで利用すればよい。

私たちは真理の奴隷ではなく
真理の主人なのだから。

したがって「ひとつの真理」が必要な時は
また喜んで活用していきましょう。
ただし、そうしながらも二つの真理、N個の真理の可能性を常に開いておきましょう。

そこで、これからは
「唯一の真理」に対する信念と頑固さと強要が
私とあなた、そして私たちを苦しめるならば
あえてそれだけにこだわらず
「私の真理」も見て「あなたの真理」も共に見ていきましょう。
そして他の多くの「私たちの真理」も必要であれば
一緒に見ていきましょう。

そうすれば「唯一の真理」に頑固にこだわっていた時には解決しな
かった問題が
「二つの真理」
つまり私とあなたの真理を同時に見るときに解決するならば
それこそが本当の知恵なのである。
かなり多くの葛藤、衝突、問題が
そのように解決できるのだ。

真の目標は私とあなた、そして私たちの幸せであり
「真理」などではないのだから。

／

最後に、冗談をひとつ。

もしかすると「真理はひとつである」という
私たちの感覚、思い、信念は
私たちが見る太陽がひとつであるためかもしれない。

太古から人類はこのひとつの太陽を見てきて

生まれてからずっと見て、皆で一緒に見続けているから
「何か真理もひとつなのだろう！」という本能的な感覚が
生まれたのかもしれない。

もし太陽が二つかそれ以上ある
ある星に生まれていたら
真理もそうだと今考えているかも
しれない。

もちろん冗談だ。

しかし、あえてこの冗談を言ってみる理由は
このように私たちが「真理はひとつだ」という
その感情と信念を
とても軽く捉えることもできるからです。

またそれは
実際にもとても軽いものだからです。
（必要に応じて重く受け止めるべき時を除いては）

Summary

私たちはよく単一の真実が存在すると信じていますが、これは教育と社会によって植え付けられた無意識的な信念に過ぎません。ほとんどの日常生活において正しいか間違っているかを厳密に区別することは不必要です。「真実はN個ある」という概念はより有用で正確かもしれません。これは単一の真実、二つの真実（あなたのものと私のもの）、そして私たちの集団的なN個の真実すべてを包含しています。このアプローチは規則ではなく道具として使用し、状況に応じて柔軟に適用すべきです。真実そのものよりも、私、あなた、そして私たちの幸福が真の目標なのです。このような視点は、多くの葛藤や対立の解決に役立つことでしょう。

結び｜幸せになろうとするな。「幸せそのもの」を創り出せ

　人間は誰しも幸福を求めるものです。多くの場合、幸せになるためには特定の内容、つまり条件が整っていなければならないと考えます。いわゆる幸福の条件というものです。しかし厳密に言えば「幸福もまた内容ではなく感覚である」。

　この本を読んだ読者なら、これが「内容がまったく重要ではない」とか「内容は必要ない」ということを意味しているのではないことをよく理解しているでしょう。私たちは、自分が望む内容を最も賢明で意味のあるものにし、整えていきましょう。できないこともなく、やらないこともないのです。そのために私個人だけでなく、社会も共に積極的に変えていきましょう。

　幸福がその内容だけで、あるいは内容によって決まるものではないことに気づきましょう。結局、それらすべての内容は「幸福の感覚」を生み出すために使われるものに過ぎないからです。核心は内容ではなく感覚なのです。内容は必要ではありますが、むしろ付随的なものです。

　私たちは内容、つまり条件に縛られすぎています。それを幸福のための適切な手段として活用するのは良いことですが、特定の条件を満たせなければ幸福は不可能だと信じる必要はありません。他者たち、そして社会や文化が認める一定の内容を備えてこそ幸福になれると信じることも同様です。それは単なる条件に過ぎない内容のために、本来の目標である幸福とその感覚を諦めることです。個人も社会も同様です。これは完全に本末転倒なのです。主客が逆転してしまっているのです。

　おそらく今までそうであったために、私たちの社会と個人は他の国や社会に比べて不必要な苦痛をより多く経験しているのかもしれません。個人と社会の両方が変わらなければなりません。個人は個人とし

て自分の幸福を適切に築くために自らを変化させる必要があり、同時に社会も共に変化していかなければなりません。これは私たち全ての共通の義務と責任であり、同時に権利でもあります。

幸福のために「内容」だけを優先すると、個人であれ社会であれ、徐々に的外れなものを追求するようになってしまいます。すでに過ぎ去った過去の方式、自分の望みではなく他者や社会が望むもの、個人や集団の利益のための他者の搾取、全体ではなく自分だけを考える狭い視野、特定の勢力のみに有利な偏った法制度や政治、経済などがそれにあたります。

これらすべては真の幸福や幸福感ではなく、化石化した「内容」を過度に追求することによって生じた副作用だといえるでしょう。そして現在、私たちの社会は実際に失敗しています。なぜでしょうか？内容は幸福の条件にはなり得ないからです。あなたと私が本当に幸せになり、真の幸福感を得るためには、もはや内容に利用されるのではなく、むしろ内容を活用していくべきなのです。本当に必要な内容を継続的に探し、変化させていくことが大切です。それが有用であれば継続して使用しますが、もはや有用ではなく、むしろ個人と社会に不必要な苦痛をもたらす内容であれば、思い切って手放せるようになるべきです。個人においても、社会においても。

この本は幸福をテーマにしているわけではありませんが、本書で取り上げる自己嫌悪、投影、アイデンティティ、心の傷、関係性などの問題を解決していくほど、結果として幸福が訪れるようになります。この本自体がそうさせるという意味ではなく、これら5つのような人生の課題をうまく乗り越えた結果としてそうなるということです。

本書で述べている視点、価値観、概念などに、非常に興味を覚え親しみを感じる方もいれば、少し馴染みがなく距離を感じる方もいるでしょう。ある人にとっては、普段の考えとは反対に思われることもあるでしょう。また一人の人にとっても、本の中のある内容はよく響き、ある内容は遠く感じられることもあります。それで構いません。重要なのは、どのような場合でも、この本の内容の中で自分と自分の人生をより幸せに変えてくれる内容がひとつでもあれば、それを着実に身につけて自分のものにすることです。誰かに強制されてではありません。本人が自ら望み、そうするのです。私たち全員にはそのような人生の力があるのです。

　この本を読むすべての読者が心から幸せになることを願っています。他者と社会が強要する内容ではなく、自ら能動的に選択した内容によって。さらには、どのような内容とも関係なく。他人が決めた幸せを追いかけるのではなく、幸せという設定の主人公となって。

- 終わり -

About The Author

MuRu

MuRuは瞑想的心理分析家である。15年以上韓国で「The MuRu Center」を運営しながら活動してきた。専門活動領域は「瞑想、意識、心理」分野における「カウンセリング、教育、コーチング、コンサルティング」である。

人間の心理と意識に対する深い関心から、東洋と西洋の様々な瞑想技法と理論、そして心理学と脳科学などを深く探究し、これをカウンセリングと教育、コーチング、コンサルティングプログラムに応用してきました。一般的に瞑想は人間に対する根源的なアプローチに強みがありますが、細かい心理的問題への対応には弱点があります。心理学はこれと反対に、細かい心理的問題への対応には強みがありますが、人間に対する根本的なアプローチには限界があります。

著者のMuRuは、長年の経験と研究を通じて、瞑想と心理学という二つの領域の強みを調和させた「瞑想的心理分析」というアプローチを創出し、活用している。個人と集団の心理分析において、心理学や脳科学などの現代的な成果と、瞑想などに見られる伝統的かつ根本的な知恵と洞察を独自に融合させ、診断と解決策を提示するものである。

このために著者は、独自の「メタ思考的方法論」を用いることもある。メタ思考は「思考についての思考、思考を包含し超越する思考」と説明することができます。既存のすべての思考や固定観念、概念などを無条件に受け入れず、完全に自由な観点からアプローチすることです。そのためにどんな思考も絶対視せず、思考そのものを扱うべきひとつの対象として捉えます。

つまり「メタ思考」は思考の奴隷ではなく思考の主人になる方法論です。既存の思考の牢獄とフレームに閉じ込められることなく、自由で創造的な思考が可能になるのです。「自己嫌悪」の書籍の随所には、様々な肯定的・否定的な考えや記憶を「喜んで受け入れながらも、それらを超越する」MuRuのメタ思考的アプローチが紹介されています。

　また、著者の心理分析は「個人と集団社会の同時性」を強調しています。つまり、どのような現象や問題であっても、程度の差はあれ二つの要素が互いに連結されており、純粋に個人的な問題や純粋に社会的な問題は存在しないということです。MuRuの「瞑想的心理分析」は、常に個人と集団社会の両方を考慮し、それを対象としています。

　韓国のブランチサービスで10年余りの間、心理、悟り、日常的な洞察、映画レビューなど様々なカテゴリーで約500編近くの文章を書いてきました。(https://brunch.co.kr/@philosophus). 現在の読者数は1万人を超え、総閲覧数は約200万に達しています。

　MuRuは韓国で二冊の本を出版しました。ひとつは『自己嫌悪』で、もうひとつは『ムルの悟り』です。副題まで合わせたタイトルは、『自己嫌悪 - 私たちはなぜ自分を憎むのか？自己嫌悪を超えて、心の平和を取り戻す方法』、『無漏（ムル）の悟り - 理性と宗教と霊性を包み込んで超えて、自覚と覚醒の時代へ』である。現在、この二冊の本を日本語、英語に翻訳して出版中であり、ヨーロッパとアジアの様々な国でも翻訳および出版する計画である。（この二冊の本の翻訳と出版の協力作業に関心のある個人または出版社はThe MuRu Centerに連絡し、協力作業について具体的に協議および進行することができる。）

　メールアドレス: philosophus@naver.com

Books by This Author

- 『自己嫌悪』
  ：私たちはなぜ自分を憎むのか？
  - 自己嫌悪を超えて、心の平和を取り戻す方法
  （英語版タイトル：
  [Self-Hatred] : Why Do We Hate Ourselves? Beyond Self-Hatred, How To Regain Peace Of Mind)

『自己嫌悪』はMuRuが数十年にわたって行ってきたカウンセリングを基に、MuRu独自の「瞑想的心理分析」技法を用いて、現代人を苦しめる自己嫌悪という心理現象について深い分析と解決策を提示した書籍です。

本書は「自己嫌悪」のテーマを含め、様々なトラウマに対する癒しの方法、日常で心の傷を受けない方法、対人関係についての洞察、心理的成熟のための内容で構成されています。一般心理学を包含しつつも超越し、「悟りの原理に基づいた心理的視点」で書かれていることが本書の特徴です。

すべての人は程度の差こそあれ、自己嫌悪を抱えています。これは自己の境界認識と内省から生じるものですが、問題はこの心理が正常な範囲を超えて、自己卑下や自己嫌悪感、罪悪感として表出することにあります。これを克服するためには、自己嫌悪の隠されたメカニズムを理解し、意識化する必要があります。自己嫌悪の根源には自己愛と優越感が存在しており、これらが歪められることで否定的な結果をもたらすのです。否定的な自己イメージを自分と同一視し、それを守ろうとする本能的な誤りがあります。私たちは自分を条件によって規定するのではなく、無条件の存在価値を認識すべきです。他者への憎しみも自己嫌悪の表現である可能性があり、これを克服する必要があります。過去の心の傷やトラウマは、避けたり抑圧したりするのでは

なく、進んで受け入れながら乗り越えていくべきです。人間関係においては、垂直的依存ではなく水平的愛を追求することで、より幸福で豊かな人生を送ることができます。

- 『無漏（ムル）の悟り』
  ：理性と宗教と霊性を包み超えて、自覚と覚醒の時代へ
  （英語版タイトル：

[MuRu's Enlightenment] : Embracing And Transcending Reason, Religion, And Spirituality, Towards An Age Of Self-Awareness And Awakening)

　『無漏（ムル）の悟り』は人類史に長く続いてきた悟りの実際の内容と悟りの達成方法について書かれた書籍です。本書は地球上に存在する人類共通の根本的な知恵である「不二元論的悟り」についての核心的内容で構成されています。様々な地域と時代を通じて人類史に存在する「唯一の真の悟り」について詳細かつ深く論じています。悟りは見慣れないものや難しいものではなく、すべての人が理解でき、正しく修行すれば誰でも悟りを得ることができることを非常に具体的に説明しました。

　「無漏（ムル）の悟り」で言う「悟り」は仏教の釈迦牟尼ブッダが語ったまさにその悟りでもあります。仏教だけでなく、人類の歴史で記録されたり示されたりした同様の文脈の悟りとも同じです。例えば、道教の老子と荘子に訪れた悟り、他の知恵の伝統であるチベット仏教のゾクチェンやヒンドゥー教のヴェーダーンタ、禅仏教などの悟りとも同じものです。

　これらの悟りは異なる時代、異なる地域、異なる人々に起こりましたが、その悟りの洞察は同じ「人類の共同資産、人類の共同現象」と言えるでしょう。どの時代、どの地域においても同じ「覚醒（自覚）」をした人々が現れ、彼らの教えが伝播されることで、人類の意識の成熟化が文明全領域で進められてきました。

　この本のタイトルに使われている「無漏（MuRu）」は、この本を書いた筆者の名前であると同時に、仏教で言う「無漏(無漏)」を意味しています。'muru'は漢字の無漏の韓国式発音です。無漏(無漏)において無は「ない（無）」、漏は「漏れる（漏）」を意味します。無漏(無漏)は、直訳すると「もう漏れるものがない」という意味ですが、仏教では「煩悩を離れること、煩悩がないこと、煩悩を離れた悟りの境地」を指す言葉です。もはや流れ出たり漏れ出たりする煩悩がないという意味です。対になる用語として「有漏(有漏)」があります。有漏の意味は「煩悩に縛られること」です。依然として漏れ出る、生じる人間的な煩悩と苦痛があるということです。有漏と無漏の関係性は有為(有爲)と無為(無爲)、有我(有我)と無我(無我)の対応と似ています。「無漏（ムル）の悟り」とは文字や理論で伝える悟り、学問化されたり図式化された虚像の悟りではなく、「もはや人間の苦痛と煩悶がない完全な実際の悟り」を意味します。

　悟りに関連して注目すべき点は次の通りです。AI（人工知能）によって現在までよりもさらに急激な発展が成し遂げられる未来では、「悟り」が個人と集団の両方にとって非常に重要なテーマになるでしょう。特にAGI（汎用人工知能）が登場すると、人間が労働や資本主義などから解放される可能性が高まりますが、その時、人類の集団的文明の発展と連続性のために、「悟り的認知と洞察」が今までよりもさらに大きく必要となるでしょう。悟り的洞察が広まれば広まるほど人類の文明はさらに進歩するでしょうが、そうでなければ複雑性と規模だけが大きくなり、人類の根本的な苦痛と限界は依然として残るか、さらに大きくなるでしょう。

www.ingramcontent.com/pod-product-compliance
Lightning Source LLC
Chambersburg PA
CBHW031258130726
47988CB00008B/3410